杂阿毗昙心论

中国佛学经典宝藏

125

苏 军 释译

星云大师总监修

人民东方出版传媒

東方出版社

《中国佛学经典宝藏》
大陆简体字版编审委员会

总序

星云

自读首楞严，从此不尝人间糟糠味；

认识华严经，方知已是佛法富贵人。

诚然，佛教三藏十二部经有如暗夜之灯炬、苦海之宝筏，为人生带来光明与幸福，古德这首诗偈可说一语道尽行者阅藏慕道、顶戴感恩的心情！可惜佛教经典因为卷帙浩瀚、古文艰涩，常使忙碌的现代人有义理远隔、望而生畏之憾，因此多少年来，我一直想编纂一套白话佛典，以使法雨均沾，普利十方。

一九九一年，这个心愿总算有了眉目。是年，佛光山在中国大陆广州市召开“白话佛经编纂会议”，将该套丛书定名为《中国佛教经典宝藏》①。后来几经集思广

---

① 编者注:《中国佛教经典宝藏》丛书，大陆出版时改为《中国佛学经典宝藏》丛书。

益，大家决定其所呈现的风格应该具备下列四项要点：

一、启发思想：全套《中国佛教经典宝藏》共计百余册，依大乘、小乘、禅、净、密等性质编号排序，所选经典均具三点特色：

1. 历史意义的深远性
2. 中国文化的影响性
3. 人间佛教的理念性

二、通顺易懂：每册书均设有原典、注释、译文等单元，其中文句铺排力求流畅通顺，遣词用字力求深入浅出，期使读者能一目了然，契入妙谛。

三、文简意赅：以专章解析每部经的全貌，并且搜罗重要的章句，介绍该经的精神所在，俾使读者对每部经义都能透彻了解，并且免于以偏概全之谬误。

四、雅俗共赏：《中国佛教经典宝藏》虽是白话佛典，但亦兼具通俗文艺与学术价值，以达到雅俗共赏、三根普被的效果，所以每册书均以题解、源流、解说等章节，阐述经文的时代背景、影响价值及在佛教历史和思想演变上的地位角色。

兹值佛光山开山三十周年，诸方贤圣齐来庆祝，历经五载、集二百余人心血结晶的百余册《中国佛教经典宝藏》也于此时隆重推出，可谓意义非凡，论其成就，则有四点可与大家共同分享：

一、佛教史上的开创之举：民国以来的白话佛经翻译虽然很多，但都是法师或居士个人的开示讲稿或零星的研究心得，由于缺乏整体性的计划，读者也不易窥探佛法之堂奥。有鉴于此，《中国佛教经典宝藏》丛书突破窠臼，将古来经律论中之重要著作，做有系统的整理，为佛典翻译史写下新页！

二、杰出学者的集体创作：《中国佛教经典宝藏》丛书结合中国大陆北京、南京各地名校的百位教授、学者通力撰稿，其中博士学位者占百分之八十，其他均拥有硕士学位，在当今出版界各种读物中难得一见。

三、两岸佛学的交流互动：《中国佛教经典宝藏》撰述大部分由大陆饱学能文之教授负责，并搜录台湾教界大德和居士们的论著，借此衔接两岸佛学，使有互动的因缘。编审部分则由台湾和大陆学有专精之学者从事，不仅对中国大陆研究佛学风气具有带动启发之作用，对于台海两岸佛学交流更是帮助良多。

四、白话佛典的精华集萃：《中国佛教经典宝藏》将佛典里具有思想性、启发性、教育性、人间性的章节做重点式的集萃整理，有别于坊间一般“照本翻译”的白话佛典，使读者能充分享受“深入经藏，智慧如海”的法喜。

今《中国佛教经典宝藏》付梓在即，吾欣然为之作序，并借此感谢慈惠、依空等人百忙之中，指导编修；吉广舆等人奔走两岸，穿针引线；以及王志远、赖永海等大陆教授的辛勤撰述；刘国香、陈慧剑等台湾学者的周详审核；满济、永应等“宝藏小组”人员的汇编印行。他们的同心协力，使得这项伟大的事业得以不负众望，功竟圆成！

《中国佛教经典宝藏》虽说是大家精心擘划、全力以赴的巨作，但经义深邈，实难尽备；法海浩瀚，亦恐有遗珠之憾；加以时代之动乱，文化之激荡，学者教授于契合佛心，或有差距之处。凡此失漏必然甚多，星云谨以愚诚，祈求诸方大德不吝指正，是所至祷。

一九九六年五月十六日于佛光山

原版序
敲门处处有人应

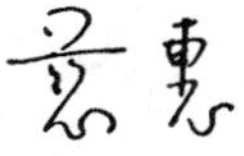

《中国佛教经典宝藏》是佛光山继《佛光大藏经》之后，推展人间佛教的百册丛书，以将传统《大藏经》精华化、白话化、现代化为宗旨，力求佛经宝藏再现今世，以通俗亲切的面貌，温渥现代人的心灵。

佛光山开山三十年以来，家师星云上人致力推展人间佛教，不遗余力，各种文化、教育事业蓬勃创办，全世界弘法度化之道场应机兴建，蔚为中国现代佛教之新气象。这一套白话精华大藏经，亦是大师弘教传法的深心悲愿之一。从开始构想、擘划到广州会议落实，无不出自大师高瞻远瞩之眼光，从逐年组稿到编辑出版，幸赖大师无限关注支持，乃有这一套现代白话之大藏经问世。

这是一套多层次、多角度、全方位反映传统佛教文化的丛书，取其精华，舍其艰涩，希望既能将《大藏经》

深睿的奥义妙法再现今世，也能为现代人提供学佛求法的方便舟筏。我们祈望《中国佛教经典宝藏》具有四种功用：

一、是传统佛典的精华书

中国佛教典籍汗牛充栋，一套《大藏经》就有九千余卷，穷年皓首都研读不完，无从赈济现代人的枯槁心灵。《宝藏》希望是一滴浓缩的法水，既不失《大藏经》的法味，又能有稍浸即润的方便，所以选择了取精用弘的摘引方式，以舍弃庞杂的枝节。由于执笔学者各有不同的取舍角度，其间难免有所缺失，谨请十方仁者鉴谅。

二、是深入浅出的工具书

现代人离古愈远，愈缺乏解读古籍的能力，往往视《大藏经》为艰涩难懂之天书，明知其中有汪洋浩瀚之生命智慧，亦只能望洋兴叹，欲渡无舟。《宝藏》希望是一艘现代化的舟筏，以通俗浅显的白话文字，提供读者遨游佛法义海的工具。应邀执笔的学者虽然多具佛学素养，但大陆对白话写作之领会角度不同，表达方式与台湾有相当差距，造成编写过程中对深厚佛学素养与流畅白话语言不易兼顾的困扰，两全为难。

三、是学佛入门的指引书

佛教经典有八万四千法门，门门可以深入，门门是无限宽广的证悟途径，可惜缺乏大众化的入门导览，不易寻觅捷径。《宝藏》希望是一支指引方向的路标，协助十方大众深入经藏，从先贤的智慧中汲取养分，成就无上的人生福泽。

四、是解深入密的参考书

佛陀遗教不仅是亚洲人民的精神归依，也是世界众生的心灵宝藏。可惜经文古奥，缺乏现代化传播，一旦庞大经藏沦为学术研究之训诂工具，佛教如何能扎根于民间？如何普济僧俗两众？我们希望《宝藏》是百粒芥子，稍稍显现一些须弥山的法相，使读者由浅入深，略窥三昧法要。各书对经藏之解读诠释角度或有不足，我们开拓白话经藏的心意却是虔诚的，若能引领读者进一步深研三藏教理，则是我们的衷心微愿。

大陆版序一

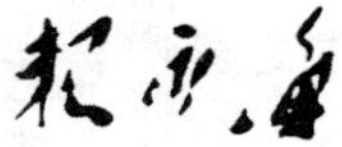

《中国佛教经典宝藏》是一套对主要佛教经典进行精选、注译、经义阐释、源流梳理、学术价值分析，并把它们翻译成现代白话文的大型佛学丛书，成书于二十世纪九十年代，由台湾佛光文化事业有限公司出版，星云大师担任总监修，由大陆的杜继文、方立天以及台湾的星云大师、圣严法师等两岸百余位知名学者、法师共同编撰完成。十几年来，这套丛书在两岸的学术界和佛教界产生了巨大的影响，对研究、弘扬作为中国传统文化重要组成部分的佛教文化，推动两岸的文化学术交流发挥了十分重要的作用。

《中国佛学经典宝藏》则是《中国佛教经典宝藏》的简体字修订版。之所以要出版这套丛书，主要基于以下的考虑：

首先，佛教有三藏十二部经、八万四千法门，典籍浩瀚，博大精深，即便是专业研究者，穷其一生之精力，恐也难阅尽所有经典，因此之故，有“精选”之举。

其次，佛教源于印度，汉传佛教的经论多译自梵语；加之，代有译人，版本众多，或随音，或意译，同一经文，往往表述各异。究竟哪一种版本更契合读者根机？哪一个注疏对读者理解经论大意更有助益？编撰者除了标明所依据版本外，对各部经论之版本和注疏源流也进行了系统的梳理。

再次，佛典名相繁复，义理艰深，即便识得其文其字，文字背后的义理，诚非一望便知。为此，注译者特地对诸多冷僻文字和艰涩名相，进行了力所能及的注解和阐析，并把所选经文全部翻译成现代汉语。希望这些注译，能成为修习者得月之手指、渡河之舟楫。

最后，研习经论，旨在借教悟宗、识义得意。为了将其思想义理和现当代价值揭示出来，编撰者对各部经论的篇章品目、思想脉络、义理蕴涵、学术价值等所做的发掘和剖析，真可谓殚精竭虑、苦心孤诣！当然，佛理幽深，欲入其堂奥、得其真义，诚非易事！我们不敢奢求对于各部经论的解读都能鞭辟入里，字字珠玑，但希望能对读者的理解经义有所启迪！

习近平主席最近指出：“佛教产生于古代印度，但传入中国后，经过长期演化，佛教同中国儒家文化和道家文化融合发展，最终形成了具有中国特色的佛教文化，给中国人的宗教信仰、哲学观念、文学艺术、礼仪习俗等留下了深刻影响。”如何去研究、传承和弘扬优秀佛教文化，是摆在我们面前的一个重要课题，人民东方出版传媒有限公司拟对繁体字版的《中国佛教经典宝藏》进行修订，并出版简体字版的《中国佛学经典宝藏》，随喜赞叹，寥寄数语，以叙因缘，是为序。

二〇一六年春于南京大学

大陆版序二

依空

身材高大、肤色白皙、擅长军事的亚利安人，在公元前四千五百多年从中亚攻入西北印度，把当地土著征服之后，为了彻底统治这里的人民，建立了牢不可破的种姓制度，创造了无数的神祇，主要有创造神梵天、破坏神湿婆、保护神毗婆奴。人们的祸福由梵天决定，为了取悦梵天大神，需要透过婆罗门来沟通，因为他们是从梵天的口舌之中生出，懂得梵天的语言——繁复深奥的梵文，婆罗门阶级是宗教祭祀师，负责教育，更掌控了神与人之间往来的话语权。四种姓中最重要的是刹帝利，举凡国家的政治、经济、军事、文化等等都由他们实际操作，属贵族阶级，由梵天的胸部生出。吠舍则是士农工商的平民百姓，由梵天的膝盖以上生出。首陀罗则是被踩在梵天脚下的土著。前三者可以轮回，纵然几世轮转都无法脱离原来种姓，称为再生族；首陀罗则连轮回的因缘都没有，为不生族，生生世世为首陀罗，子孙也倒霉跟着宿命，无法改变身份。相对于此，贱民比首陀罗更为卑微、低贱，连四种姓都无法跻身其中，只能从事挑粪、焚化尸体等最卑贱、龌龊的工作。

出身于高贵种姓释迦族的悉达多太子，为了打破种姓制度的桎梏，舍弃既有的优越族姓，主张一切众生皆平等，成正等觉，创立了佛教僧团。为了贯彻佛教的平等思想，佛陀不仅先度首陀罗身份的优婆离出家，后度释迦族的七王子，先入山门为师兄，树立僧团伦理制度。佛陀更严禁弟子们用贵族的语言——梵文宣讲佛法，而以人民容易理解的地方口语来演说法义，这就是巴利文经典的滥觞。佛陀认为真理不应该是属于少数贵族、知识分子的专利或装饰，而应该更贴近普罗大众，属于平民百姓共有共知。原来佛陀早就在推动佛法的普遍化、大众化、白话化的伟大工作。

佛教从西汉哀帝末年传入中国，历经东汉、魏晋南北朝、隋唐的漫长艰巨的译经过程，加上历代各宗派祖师的著作，积累了庞博浩瀚的汉传佛教典籍。这些经论义理深奥隐晦，加以书写的语言文字为千年以前的古汉文，增加现代人阅读的困难，只能望着汗牛充栋的三藏十二部扼腕慨叹，裹足不前。

如何让大众轻松深入佛法大海，直探佛陀本怀？佛光山开山宗长星云大师乃发起编纂《中国佛教经典宝藏》。一九九一年，先在大陆广州召开“白话佛经编纂会议”，订定一百本的经论种类、编写体例、字数等事项，礼聘中国社科院的王志远教授、南京大学的赖永海教授分别为中国大陆北方与南方的总联络人，邀请大陆各大学的佛教学者撰文，后来增加台湾部分的三十二本，是为一百三十二册的《中国佛教经典宝藏精选白话版》，于一九九七年，作为佛光山开山三十周年的献礼，隆重出版。

六七年间我个人参与最初的筹划，多次奔波往来于大陆与台湾，小心谨慎带回作者原稿，印刷出版、营销推广。看到它成为佛教徒家中的传家宝藏，有心了解佛学的莘莘学子的入门指南书，为星云大师监修此部宝藏的愿心深感赞叹，既上契佛陀“佛法不舍一众”的慈悲本怀，更下启人间佛教“普世益人”的平等精神。尤其可喜者，欣闻现大陆出版方东方出版社潘少平总裁、彭明哲副总编亲自担纲筹划，组织资深编辑精校精勘；更有旅美企业家鲁彼德先生事业有成之际，秉“十方来，十方去，共成十方事”之襟怀，促成简体字版《中国佛学经典宝藏》的刊行。今付梓在即，是为序，以表随喜祝贺之忱！

二〇一六年元月

目　录

题解

《杂阿毗昙心论》，又译《杂阿毗达磨论》，简称《杂心论》，是古印度小乘佛教说一切有部的重要论书。作者法救，是说一切有部的著名僧人，生平已不可详考。据玄奘《大唐西域记》卷二、《出三藏记集》卷十焦镜法师所作的《后出杂心论序》等文字记载，法救是古印度健驮罗国人，生于布路沙布逻城，大约生活在佛灭第九百年之初，也就是公元四世纪前半叶之前。他谙熟说一切有部诸家教理，为了调和说一切有部内部的学说冲突，后在健驮罗国布色羯罗伐底城北四五里处的伽蓝寺院中，对法胜的《阿毗昙心论》进行解释和补充，著成了《杂阿毗昙心论》。

“阿毗昙”，后来译成“阿毗达磨”，意译为“法”、“对法”、“一切法”等，指佛教经律论三藏中的论藏，是对解释发挥佛经文句的文论的泛称。“心”的含义是“根本”、“中心”、“要点”等。“阿毗昙心”意为佛法的中心及要点。

法胜作《阿毗昙心论》，解释说一切有部教法的核心问题。法救嫌其简略，义理难明，又作补充性发挥，所以取名为《杂阿毗昙心论》。此论无论是在形式上还是在内容上，都有自身独到的特点。从形式上看，它既不像《阿毗昙心论》那样过于简约，又不似《大毗婆沙论》那样过于庞杂，而是篇幅适中，详略得体，便于读者的学习与理解。从内容上看，此论虽与《阿毗昙心论》的品目大体相同，但行文之间增加了许多新的内容，并别立《择品》，提出了一些新的说法，以期融合说一切有部内部的不同流派的教理。因此，此论在内容上已超出了《阿毗昙心论》，代表了融合说一切有部思想的一种发展潮流。由于上述两种原因，此论一出，即在印度佛教尤其是说一切有部之中发生了很大的影响，盛极一时。

据《出三藏记集》卷十《杂阿毗昙心序》所记：“尊者多罗复即广引诸论，敷演其义，事无不列，列无不辩，微言玄旨，于是昭著。自兹之后，道隆于世，涉学之士莫不宝之以为美谈。”也就是说，此论曾得到佛教学者的广泛珍重。后来，世亲对此论的颂文重新加以组织，进行适当的增删合并，写下了印度佛教史上著名的《俱舍论》。由此可见，《杂阿毗昙心论》曾对印度佛教思想尤其是说一切有部思想的转承嬗变发挥了重大影响。

《杂阿毗昙心论》对中国佛教的影响也很不小。历史上，此议曾前后五次译作汉文。据《出三藏记集》记载，前秦建元十九年即公元三八三年，罽宾（今克什米尔）沙门僧伽跋澄与佛图罗刹、竺佛念一道首次译出，十四卷，译经地点在古都长安。稍后，僧伽提婆于洛阳再次译出，十四卷。东晋法显和佛陀跋陀罗于京都建康（即今南京）译出《杂阿毗昙心论》十三卷，是第三次翻译。到了刘宋文帝元嘉三年即公元四二六年，又有西域沙门伊叶波罗于彭城译出《杂阿毗昙心论》十三卷，是第四次翻译。此次翻译，最后的《择品》因故未及译出，后至元嘉八年，罽宾三藏法师求那跋摩于建康重新校订，但是否补译了《择品》却不得而知。几年之后，至宋元嘉十二年即四三五年，天竺三藏法师僧伽跋摩于京都长干寺译出《杂阿毗昙心论》十四卷，现作十一卷，是为第五次，也是最后一次翻译，当时参加译经的汉僧有宝云、慧观等人。以上几种译本现仅存最后一种，其他四种皆已佚失不存。

僧伽跋摩，汉意为“僧铠”，印度人，少年出家，精持戒律，擅长《杂心论》。以刘宋元嘉十年即四三三年，步行西域，至于南京，住平陆寺，深得彭城王义康的崇敬。因为律行超迈，僧尼从之受戒者多达数百人。后召集义学沙门，于长干寺组建译经道场，所译诸经除《杂心论》外，还有《摩得勒伽经》《分别业报略》《劝发诸王要偈》《请圣僧浴文》等四部。后于元嘉年间随西域商人乘船回国，不知所终。

魏晋南北朝时代，中国佛教学派很多。其中，以研究说一切有部思想为中心的毗昙学派是成立较早的一支，它以《大毗婆沙论》《阿毗达磨发智论》《阿毗昙心论》《杂心论》为主要研究对象，在当时曾极盛一时，是汉地佛教的主要学问之一。而在上述几种著作中，以《杂心论》的翻译为最早，所译的次数也最多。若以汤用彤先生的说法，毗昙学所研究的多为《杂心论》，可见《杂心论》在中国佛教毗昙学中的地位。毗昙学盛于晋末宋初，梁陈而后逐渐式微，但余绪不断，直到隋唐之后仍有研习之人，所以，《杂心论》在早期中国佛教发展过程中，着实发挥了不小的影响。

《杂心论》以极小的篇幅，宏扩了说一切有部庞大的学说体系，义理深奥，层层叠叠；名数繁多，难于梳理。但此论本身有着完整的组织结构，它以法胜的《阿毗昙心论》为蓝本，以佛教苦、集、灭、道四谛为次序，以概念诠释的形式，将说一切有部的名词概念全部纳入其中，系统地论述了说一切有部对待现实世界的态度，以及修行解脱等修行方面的问题。

焦镜在《后出杂心序》中说，《杂心论》“位序品次依四谛为义，《界品》直说法相，以拟苦谛；《行》《业》《使》三品多论生死之本，以拟习（集）谛；《贤圣》所说断结证灭之义，以拟灭谛；《智》《定》二品多说无漏之道，以拟道谛。自后诸品杂明上事，更无别体也”。也就是说，此论所说的基本内容无非是苦集灭道四谛。明白了这点，就为我们有选择地注释、诠解此论提供了一个客观公允的标准。由于篇幅所限，我们不能将《杂心论》全文进行注讲，只能有重点地进行甄选。我们选择的标准有两条，一是完整，二是简略。所谓完整，并不是指文字的完整，一字不漏，而是指理论上的完整，学术思想上的完整。《杂心论》采用说一切有部传统的概念分析的方法分析世界万物，认为一切众生及万物都是因缘和合而成的，其中真正的存在是“五阴”、“十二入”、“十八界”，是它分析所得的各种“实法”。它因此认为众生是苦难，无常、苦、空、无我，因而说明了佛教四谛中的苦谛。所以，《杂心论》开宗明义，上来便讲述“五阴”、“十二入”、“十八界”，就是要为读者指明佛教对待世界的基本态度。这便是《界品》的内容。

《行品》于《界品》之后讲述色、心、心所、心不相应行及无为法等五类实有之法，并详述六因、四缘、四果等理论，进一步说明了一切事物现象都是五类实法因缘和合的产物，加重阐明了佛教的苦谛之理。既知众生为苦，就要探明苦的原因，所以《杂心论》接下来是《业品》《使品》，讲述“烦恼”的性质及种类，以便读者明了苦的因由。明白了苦的原因，就要断除，所以接下来所讲的是佛教的修行，这就是《贤圣品》的内容。灭除苦需经一定的修行方法，其方法是智慧与禅定，所以《杂心论》接下来便是《智品》和《定品》。至此，《杂心论》实际上已经完成了对说一切有部理论的概括。系统地阐明了佛教四谛的学说。我们所说的完整，就是要尽量保持《杂心论》这一结构上的特色，保持其理论体系的整体性。因此，我们所选的内容侧重在《定品》之前。

第二个标准是简略，也可称作重点。它包括两个含义，其一是对《定品》之后的内容作重点介绍。佛教有多种教义学说，很难用四谛理论将其全部归纳起来。所以，法胜作《阿毗昙心论》时，另立《修多罗品》《杂品》等，用以解释佛经中的其他理论范畴。法救则于此之外再立《择品》，提出了“阿罗汉有退”、“中阴有”、“三世实有”、“四谛渐次现观”、“佛不在僧数”等说一切有部新主张。为了节省篇幅，突出重点，我们从上述三品中选出了几个重要的理论问题进行注释与讲解，而对于多数繁杂的细小问题则予以省略。

另一层简略的含义则是针对《杂心论》全文的。《杂心论》侧重于概念的演绎与分析，其结果是，一个普通的概念常常与全部理论相关联，比如说“无明”，既可以作为“心法”的一种出现于《行品》之中，也可以作为烦恼出现在《业品》之中，如果再讨论无明的灭除，则又可与《贤圣品》《智品》《定品》发生联系。实际上，《杂心论》对每个概念的解释都是多方面的，包括名称、善恶性质、存在的状况、在修行中的作用等等，如果是烦恼，则又涉及灭除它的形式、方法与步骤等。这样一来，《杂心论》的每一品都会与其他各品的内容相关联，从而使全文的内容繁复迭出，互相交涉。为了突出主题，我们有必要对各品的文字进行简略，以便使读者在尽可能短的篇幅内，把握此书的整体风貌。

因此，我们在每一品中都省略了相当分量的内容，例如，在《界品》中，我们省略了《杂心论》对“十八界”诸法性质的讨论，其中包括可见不可见、性善性恶、有对无对、有漏无漏、有根无根、有觉观无觉观及其造业活动、在修行中的作用等问题。所以省略，是因为这些内容可在相应的其他诸品中重见。在《行品》

中，我们省略了有关刹那、日、月、岁、众生寿命等问题的解释，因为这些问题在全文中是不重要的。

在《业品》中，我们只谈了身口意三业及其善恶性质，未谈的包括律仪非律仪的问题，也就是受戒的问题，以及“杀生”等“十恶业”和“五无间恶业”等，这些都是对身口意三业的展开讨论，故从略。其他还包括业招果报、业在不同众生中的存在状况、业的断除以及业与修行的关系等，实际上是涉及了其他诸品的内容，所以也一并舍去。

同样，在《使品》中我们也省去了原文对诸烦恼的存在情况、烦恼的断除等问题的讨论。佛教的最终目的是修行解脱，《贤圣品》所谈的便是这一中心问题，所以，我们对此品的内容基本保持下来，很少省略。对于《智品》《定品》，我们对其展开性的讨论也作了相应的节省。此后的《修多罗品》《杂品》，所谈的多是一些琐碎的理论问题，故省略甚多，保留极少。最后的《择品》是作者对说一切有部理论的学习心得，代表了法救的新的思想，所以，我们作了重点保留，以使法救的主张突显出来，显示本书独到的理论特色。

前文业已指明《杂心论》是按照佛教的四谛学说组织全文的，也就是说，它要指出一条观察问题、解决问题的有序可循的修行之路，以指导人们的思想与行动。

具体地说，它是要人们明白，一切众生本质上都是苦、空、无常、无我的。众生没有自身的本体，构成其身体与精神的，是与众生根本不同的诸法。诸法是实在的，而众生则是假有，所以是苦。明白了众生是苦，便要思考苦的原因，这就是业与烦恼。找到了苦的原因，就要运用智慧与禅定等方法予以灭除，从而涅槃解脱。

《杂心论》所要证明的就是这种从烦恼到解脱的认识和修行过程，所以，我们在精选原文的过程中，也是以此为根本原则，力图保持原典的整体特色，呈现出原典对从烦恼到解脱的统一的修行过程的思考，以便使读者对此书的基本内容及其特色得到整体认识。

最后我们还想谈谈译文的问题。《杂心论》实际上由两部分组成。一是“偈颂”，一是“长行”。“偈颂”指的是原文中的五言四句诗文，“长行”则是对“偈颂”内容的深入解释。对于“偈颂”，一方面因其内涵极广，另方面又因为它将在“长行”中重出，所以，我们在译文中不作现代语体的翻译。对于“长行”中的文字，因其粗朴晦涩，概念繁多，很难用现代语言直接对译出来，所以只能采用意译的形式，将其内容串讲。在此敬请读者谅解。

经典

1 界品第一

原典

问：世尊[①]说何法[②]？

答：有漏无漏[③]，如是一切。

一切有漏行[④]，离我乐常净。

不见有漏故，计我等妄受。

此诸有漏行，不自在故离我；三苦[⑤]成故离乐；缘[⑥]力故离常；烦恼[⑦]处故离净。

问：何等是有漏行？

答：诸烦恼所生五阴[⑧]。

问：若有漏行离我乐常净者，云何众生而于中受？

答："不见有漏故，计我等妄受"。众生于有漏行不知相已，便受我乐常净。作业[⑨]所覆故，不知非我；威仪[⑩]所覆故，不知是苦；相似相续覆故，不知非常；薄皮覆故，不知不净。如是不知故，受我乐常净。

问：何相[11]为有漏行？

答：若增诸烦恼，是圣说有漏。

以彼漏名故，惠者说烦恼。

若依若缘，增长身见[12]等诸烦恼，如《使品》说。彼诸行从漏生故、生漏故、漏处故，是说有漏法。……是故增烦恼诸行，当知是有漏。

问：彼更有名耶？

答：亦名为烦恼，受阴及与诤。

烦受诤起故，是诸贤圣说。

即此有漏行名为烦恼、受阴、诤。何以故？“烦受诤起故，是诸贤圣说”。身见等诸烦恼，恼众生故名烦恼，受自身故名受，扰乱心故名诤。

诤有三种：烦恼诤、阴诤、斗诤。烦恼诤者，百八烦恼[13]。阴诤者死。斗诤者，各各相违。当知此中说烦恼诤。身见等诸烦恼生诸有漏行，从烦恼生故说烦恼，从受生故说受阴，从诤生故说诤。已说受阴相，阴相今当说。

若行离烦恼，亦解脱诸漏，

此及前受阴，是阴圣所说。

若行离身见等诸烦恼及诸漏故，当知是无漏行。此诸无漏行及前所说受阴，是名为阴相。阴、受阴差别者，转不转合是阴，转者是受阴。

注释

① **世尊**：梵文 bhagavat 或 lokañatha 的意译。原为婆罗门教对长者的尊称，佛教用以尊称佛祖释迦牟尼。《大乘义章》卷十二："佛备众德，为世钦重，故号世尊。"

② **法**：梵文 dharma 的意译，音译"达磨"。意为"轨持"，指有一定的规律和自性，可以为人认识的事物。在佛教文献中，法大体有三种用法：（一）指佛法；（二）泛指一切事物现象；（三）特指某一类事物现象，如"色法"、"心法"等等。此处指佛法。

③ **有漏无漏**：漏是梵文 āsrava 的意译，原意为漏泄，后用作烦恼的异名。有漏即有烦恼，无漏即无烦恼。

④ **行**：梵文 saṃskārā 的意译，泛指一切物质和精神的生灭变化活动。

⑤ **三苦**：指苦苦、坏苦、行苦。佛教认为，众生因苦事之形成而苦恼，名苦苦；因乐事之坏灭而苦恼，名坏苦；因一切法之变化无常而苦恼，名行苦。

⑥ **缘**：梵文 pratyaya 的意译。有二义：一为攀缘，指心识攀缘外境；一为依借，指事物生成及发展所依的外部条件。

⑦ **烦恼**：梵文 kelśa 的意译，亦译"惑"。惑能恼

乱人的精神，故名烦恼。

⑧ **五阴**：梵文 pañcaskandha 的意译，又译“五众”、“五蕴”等。“三科”之一。包括色、受、想、行、识五类，是佛教对一切有为法的概括。有广义狭义之别。广义五阴是全部物质世界（色阴）和精神世界（余四阴）的总和。狭义五阴指现实世界的有情众生。

⑨ **业**：梵文 karma 的意译，音译“羯磨”。意为造作，泛指一切身心活动。一般分成身语意三业。

⑩ **威仪**：谓行住坐卧有威德仪则。

⑪ **相**：梵文 lakṣaṇa 的意译，指事物的相状特征。

⑫ **身见**：梵文 satkayadrṣṭi 的意译。指众生认为自身之中有实我。佛教将这种认识看作邪见。

⑬ **百八烦恼**：佛教烦恼法的总称。三界之中，见惑有八十八使，修惑有十使，合称九十八随眠。以九十八随眠加十缠，合为百八烦恼。

译文

问：佛世尊在世时曾多次演说佛法，那么，他所演说的佛法究竟有哪些内容呢？

答：世尊所说的一切佛法可以分作两种，一种是有漏法，一种是无漏法。什么是有漏法呢？

一切有漏行，离我乐常净。

不见有漏故，计我等妄受。

世俗世界的一切众生，通过身体、语言、思惟等形式不断地进行造作活动，对于这些造作活动，我们可以统称为有漏行。然而，这些活动是没有自在本体的，不过是各种原因和条件聚合的结果。所以，如果我们将自在本体命名为“我”，则一切有漏行无我。进一步而言，一切有漏行都将给众生带来苦楚。这些苦楚可分成三种，众生因陷身于令人痛苦的事情之中而感到苦楚叫苦苦，因快乐的事情终将灭亡而感到的痛苦叫坏苦，因感到一切万物变化无常而产生的痛苦叫行苦。一切有漏行终究会导致众生上述三种苦楚，所以从根本上说，一切有漏行都不是快乐的。再进一步，众生的一切活动都是各种条件力量所造成的聚合，条件一旦消散，这些活动便宣告灭亡，所以，一切有漏行无常。同时，一切有漏行全都处在烦恼之中，所以它又是不清净的。总结而言，众生的一切造作活动，即所谓的一切有漏行，都是无我、苦、无常、不净的。

问：按这种说法，一切有漏行都不是自身，那它们到底是什么呢？

答：说到底，一切有漏行不过是烦恼所产生的色（形体）、受（感受）、想（表象）、行（意志）、识（认知活动）等五阴而已。

问：如果说有漏行无我、不乐、无常、不净，那么，众生为什么还要进行有漏的造作活动呢？

答：这是因为，“不见有漏故，计我等妄受”。众生对于有漏的造作活动认识不清，认为它们有我、快乐、恒常、清净，因而仍执着地进行有漏的造作活动。他们看到众生各自的业力招致各自的果报，便将业力当作众生的自体，受此蒙蔽而认识不到无我。他们看到众生各有自己的威严仪态，受此蒙蔽而认识不到苦。他们看到同一物种在不断地延续下去，所以认识不到无常。他们看到众生外表细嫩干净的皮肤，受此蒙蔽而认识不到众生不净。因为对这些道理认识不清，所以他们认为众生有我、快乐、恒常、清净，因而仍在不断地进行造作活动。

问：有漏行有什么样的形相特征呢？

答：若增诸烦恼，是圣说有漏，

以彼漏名故，慧者说烦恼。

一切造作活动，以之为内在的依据或外在的条件，能使众生产生“身见”等一切烦恼，这就是有漏行最基本的形相特征。关于烦恼，我们将在《使品》中详细解释。现在应该知道的是，众生的这些造作活动是从烦恼中产生的，同时又反过来产生烦恼，处于烦恼之中，因此我们称之为有漏法。所谓有漏法，就是一切有烦恼的事物。……据此我们可以认为，一切能使烦恼增长的造作活动，都是有漏的造作活动。

问：所谓的有漏法还有其他的名称吗？

答：亦名为烦恼，受阴及与诤。

烦受诤起故，是诸贤圣说。

从有漏法自身的性质来讲，它又可以称作烦恼、受阴和诤。为什么呢？因为“烦受诤起故，是诸贤圣说”。譬如“身见”等有烦恼的有漏行为，因为能苦恼众生，所以又名“烦恼”；因为要缠缚于众生之身而活动，所以又名“受阴”；因为能扰乱众生的心性，所以又称之为“诤”。

应当清楚，所谓的“诤”可以分成三种，即“烦恼诤”、“阴诤”和“斗诤”。所谓烦恼诤是指一百零八种烦恼，所谓阴诤指的就是死，而所谓的斗诤则指事物之间互相矛盾对抗。这里所说的诤专指烦恼诤而言，不包括阴诤和斗诤。“身见”等一切有漏的造作活动，因为是从烦恼中产生的，所以又称烦恼；因为是从众生的感受中产生的，所以又称受阴；因为是从诤中产生的，所以又称为诤。我们在此提到了受阴这个概念，那么所说的阴是什么呢？我们这就予以解释。

若行离烦恼，亦解脱诸漏，

此及前受阴，是阴圣所说。

众生的行为活动，如果远离了身见等一切烦恼和一切有漏法，这些行为活动就是无漏行。无漏行与前面提到的受阴，都可称作“阴”。然而，“阴”与“受阴”是有差别的。众生的行为活动或者依于内外的各种条件而生起变化，或者不依条件而没有生起，两者都可称为“阴”，但只有前者才称作“受阴”。

原典

问：何者是？

答：所谓色受阴，想行及与识①。

是五阴次第，粗细随顺说。

是五阴，谓色阴、受、想、行、识阴。云何色阴？一切诸色，过去、未来、现在，如是广说。彼起已灭是说过去，未起未灭是说未来，已起未灭是说现在。

在自身名为内，在他身及非众生数名为外。复次，内外义如入处说。粗者名有对，细者名无对。若言不成，是则不然，观故。观故不成者不然，若观粗则非细。

染污名恶色，不染污名好色。过去未来名为远，现在名为近。……彼一切一向略说色阴。此名略，非事略。如色阴，受想行识亦如是。于中差别者，自身受名为内，他身受名为外；内缘外缘，方便[2]力起，境界[3]力起，粗者五识身[4]，细者意地[5]。染污不染污界地亦如是，乃至识阴亦如是。行是行阴。外者，众生非众生数当知。

问：色乃至识有何相?

答：碍相[6]是色相，随觉[7]是受相，顺知[8]是想相，造作[9]是行相，分别[10]是识相。彼过去色虽不碍，曾碍故；当来色虽未碍，当碍故。极微[11]一一虽不碍，众微集则碍。无作[12]虽不碍，以作色是碍，故彼亦碍，如树动影亦动。如色阴过去未来，余四阴亦如是。

问：何故前说色阴，乃至识阴?

答："是五阴次第，粗细随顺说"。彼五阴中色阴最粗，五识依故，六识境界故，是故前说。受阴虽非色，行粗故如色说，如我首足等痛，受随转。如是乃至识阴最细，是故后说。复次，从不可知本际已来，男为女色、女为男色染着处故，是故前说。乐受贪故起色欲，想颠倒故乐受贪，烦恼故起想颠倒，依意故起烦恼。

复次，二种色观故，入佛法中为甘露门[13]，谓不净观[14]及安般念[15]。彼不净观者，观造色；安般念者，观四大[16]。是故前观色阴；观色已，见受过；见受过已，想不颠倒；想不颠倒已，烦恼不行；烦恼不行已，心则堪忍。此则顺说五阴，今当逆说。净秽之生，以心为本，故前观识阴。观识已烦恼薄，烦恼薄已起法想，起法想已贪受不生，贪受不生故观察色。是故先说色阴，乃至识阴。

问：云何分别说色阴？

答：十种谓色入⑰，及无作假色，

是分别色阴，牟尼⑱之所说。

“十种谓色入”者，眼、色、耳、声、鼻、香、舌、味、身、触⑲。“无作假色”者，如《业品》说。是诸色一一说色阴。

所名为识阴，此即是意入⑳，

于十八界㉑中，亦复说七种㉒。

谓识阴即是意入，十八界中说七心界。

余则有三阴，无作三无为㉓，

是则说法入㉔，亦复说法界㉕。

“余三阴”者，受阴、想阴、行阴。“无作”。“三无为”者，虚空、数灭、非数灭。此七法说法入，亦说法界。……

注释

① **色受阴，想行及与识：**色阴、受阴、想阴、行阴、识阴，合称五阴。阴有积聚之义。色阴指世间的一

切物质现象的集合；受阴指一切苦乐感受的集合；想阴指一切表象活动的集合；识阴指一切认知活动的集合；行阴指受、想、识阴以外的一切精神活动的集合。参见前注⑧五阴。

②**方便**：梵文upāya的意译，又译“善权”、“变谋”等，全称“方便善巧”、“方便胜智”等。指为救度众生所采取的各种灵活方法。亦即巧妙地接近、施设、安排等，乃是一种向上进展之方法。

③**境界**：认识主体所观的对象。眼耳鼻舌身意六识，分别以色声香味触法为境界。

④**五识身**：即眼、耳、鼻、舌、身识。此五识要依借眼耳鼻舌身等五根而生，以众生形体为依托，故称五识身。

⑤**意地**：即意识。六识中的最后一识，能对一切法进行综合的认识。

⑥**碍相**：指色法具有障碍的作用，其他事物不能从中穿过。

⑦**随觉**：指受阴能随事物的本来状况产生苦乐等感受。

⑧**顺知**：指想阴能按事物的本来状况对其形体方面等特征予以表象反映。

⑨**造作**：指行阴具有创造活动的功能。泛指一切

身心活动。

⑩ **分别**：即区分辨别等认识功能。

⑪ **极微**：梵文Aṇu的意译，音译“阿拿”、“阿菟”、“阿耨”等。指物质的最小单位。色法分析到最后不可再分，称为极微。

⑫ **无作**：即“无作色”，新译“无表色”。指不假身口意之活动，自然相续的色法。

⑬ **甘露门**：甘露是梵文Amṛta的意译，又译美露、天酒等，据说其味如蜜，为天人所食。佛教常以甘露喻涅槃，故甘露门即是通向涅槃觉悟的法门。

⑭ **不净观**：小乘佛教修习禅定的方法之一，指通过观察自身及他人的不净以获得心净的禅定方法。

⑮ **安般念**：梵文Ānāpāna的音意混译，音译“安那般那”、“阿那般那”、“阿那波那”等，简称“安般”，译作数息观。小乘佛教修习禅定的方法之一，指通过记数出息入息的次数以净心的禅定方法。

⑯ **四大**：即地水火风，有真假之别。真四大又称“四大种”，为构成色法的种子。假四大指四大种构成的地水火风等现象。

⑰ **色入**：又名“色处”，是小乘佛教分析色法的概念，名列“十二入”（十二处）之首，内容与色阴大体相当。

⑱ **牟尼**：梵文muni的音译，意译“寂默”、“能仁”等。佛教徒对佛祖释迦牟尼的尊称。

⑲ **眼、色、耳、声、鼻、香、舌、味、身、触**：眼指眼根，色指眼根的对象；耳指耳根，声指耳根的对象；鼻指鼻根，香指鼻根的对象；舌指舌根，味指舌根的对象；身指身体，触指身体所触的对象。此十者皆属色法范畴之内，故可统称为色入。又可各自分别，独立构成十二入中的品目。见下文。

⑳ **意入**：小乘佛教十二入之一，指意识的认识能力。

㉑ **十八界**：小乘佛教分析事物的理论方法之一，与五阴、十二入合称三科。十八界指眼、耳、鼻、舌、身、意等六根，色、声、香、味、触、法等六境，眼识、耳识、鼻识、舌识、身识、意识等六识。十八界可以统摄宇宙一切万法。

㉒ **七种**：十二入中的意入罗置在十八界中，可分成七种，包括意根及眼、耳、鼻、舌、身、意等六识。

㉓ **三无为**：即下文所说的虚空、数灭、非数灭，是小乘佛教说一切有部对无为法的分类。虚空指空间世界。数灭又译“择灭无为”，意为通过选择灭除有为而达到的超越生灭变化的无为境界，专指涅槃。非数灭又译“非择灭无为”，指事物因缺少因缘条件而处于不生的无为状态。无为与有为相对，无为法指一切没有生灭

变化的事物。

㉔ **法入**：十二入之一。狭义法入指意入的对象而言，广义泛指一切万法。

㉕ **法界**：十八界之一。狭义的法界指意界与意识界相对的境界，广义泛指一切法。

译文

问：阴有哪些具体内容呢？

答：所谓色受阴，想行及与识，

是五阴次第，粗细随顺说。

阴有五种，称五阴，即色阴、受阴、想阴、行阴、识阴。什么是色阴呢？色指物质，在过去、现在、未来三世中存在的一切物质，我们称作色阴。如果进一步进行解释，则色生起之后已经灭亡是过去世的色，尚未生起尚未灭亡是未来世的色，已经生起尚未灭亡是现在世的色。

色有内色外色之别，在众生自身之内的叫内色，在他人身体之内或在自然界中存在的叫外色。此外，内外的含义还可另作别解，我们将在解释十二入时提及。色还有粗细的不同，能被众生眼睛所见到的是粗色，不能被众生眼见的是细色。有人认为这种说法不能成立，那是不对的，因为我们的眼睛确实能看到物质有粗有细。还有人认为，正是因为众生的眼睛有观察能力，所以物质有粗有细的说法不能成立。他们的观点是：物质的粗细是相对于眼睛的观察能力而言的，物质本身并不如此。我们认为，这种说法也是不对的，因为当我们观察某一物体时，如果有粗的感觉就不会再有细的感觉，所以物质是有粗细之别的。

色还有好恶的不同，被污染了的是恶色，未被污染的是好色。色又有远近的不同，过去世、未来世存在的色是远色，现在世存在的色是近色。……如此等等，所有这一切简略地说是色阴。在此，我们的解释是有省略的，但省略的不过是名词而已，不是物质本身。我们并不是想把某些物质剔除于色阴之外，而是要将一切物质归纳到色阴之中。如同对色阴的解释一样，我们可以用同时的内容解释受阴、想阴、行阴、识阴。其间的区别在于，众生自身的感受是内受，他人的感受是外受；意识的认知活动以内在外在的条件为原因，通过各种形式、各种方法作用于认识对象而产生，其中的眼耳鼻舌身等五识是粗识，第六意识是细识。污染了的和未污染的受想行识，与色阴同样，可以分成好恶之别。总而言之，从色阴到识阴都可用上述概念予以解释。其中行阴指一切造作行为，如区分内外，所谓的外是指他人和自然界的造作行为。

问：色受想行识五阴各有怎样的特征呢？

答：能障碍其他事物从自身穿过是色阴的特征。随事物的本来状况产生苦乐等感觉是受阴的特征。随事物的本来状况对之进行表象反映是想阴的特征。能产生造作活动是行阴的特征。具有认识分辨能力是识阴的特征。在物质性的色法中，过去世的色虽然已经丧失了障碍的功能，但它曾经障碍过。未来世的色虽然尚未发挥障碍的作用，但将来必定要发挥。物质的最小单位极微虽不障碍，但众多的极微汇集则有障碍。“无作色”虽不障碍，但因为它所依据的“作色”有障碍，所以，无作色也可以说有障碍。作色与无作色的关系就像树与影的关系一样，树动了，树影也就动了。综上所说，一切物质性的色法都以障碍为其特征。与此相同，受想行识四阴也可这样进行解释，它们不仅仅指现在世的，过去世、未来世的也应包括其中。

问：为什么要先说色阴，最后才说识阴呢？

答：“是五阴次第，粗细随顺说”。在五阴之中，色阴的形相最为粗陋，它是眼耳鼻舌身五识的依据，又是第六意识的分别对象，所以最先说色阴。受阴虽然不是物质性的色法，但它的活动形式较粗，比如人的头疼脚痛，立即便有疼痛的感受产生，因此在色阴之后立即说受阴。这样下去直到识阴，因为识的活动最细微，所以最后才说识阴。再者，众生自不可知的初始以来，男性贪爱女性的形体色貌，女性贪爱男性的形体色貌，所以要先说色。众生因贪图快乐的感受，所以产生了色欲；因为不能正确认识外物的性质，所以便贪图快乐的感受；因为处身于烦恼之中，所以才认识不清外物的性质；而烦恼则是依于意识而生起的。因此，我们要顺次说色、受、想、行、识五阴。

再者在佛法的修行方法中，有两种观察物质性色法的方法，是学佛的甘露法门。这两种方法是不净观和安般念。所谓不净观是以四大和合而成的色法为观察对象，而安般念则直接观察地水火风四大。修行者最初要观察色阴，观察色阴之后能认识到感受的过错，这就观察了受阴。认识到感受的过错之后，对外物形相的认识就不会出现颠倒，这就观察了想阴。对外物的形相不出现颠倒认识后，烦恼便不再造作活动，这就是观察了行阴。烦恼不再造作活动后，众生的心性便能接受佛法，这就是观察了识阴。以上是按正向次第进行的解释，下面我们按逆向进行思考。在众生看来，事物有些是清净的，有些是污秽的。然而，他们的这些看法是以心为本而形成的。所以，逆向观察五阴首先应观察识阴。观察识阴之后，众生的烦恼逐渐减少；烦恼减少后，众生能对外物作出合法合理的正确认识；正确认识作出后，便不再贪求感官的快乐感受；不贪求感官享受，便能进一步观察有形的色法。由于上述种种原因，我们先说色阴，最后才说识阴。

问：既然色阴包括了许多内容，就应该进行更为详细的区分。怎样对色阴进行更具体的区分认识呢？

答：十种谓色入，及无作假色，

是分别色阴，牟尼之所说。

所谓“十种谓色入”的意思是，眼根、色境、耳根、声音、鼻根、香气、舌根、味道、身根及身根所接触的外物，这十种色法在“十二入”中是十种色入。所谓“无作假色”，即无作色，我们将在《业品》中解释。一切色法可以分成上述十一种，这可看作是对色阴进行的更为详细的区分。

所名为识阴，此即是意入，

于十八界中，亦复说七种。

五阴中的识阴，在“十二入”理论中是意入，在“十八界”理论中则可分别为七种，即眼识界、耳识界、鼻识界、舌识界、身识界、意识界、意根等七种心界。

余则有三阴，无作三无为，

是则说法入，亦复说法界。

所谓的“余三阴”，即是受阴、想阴和行阴。“无作”即是色法中的无作色。“三无为”即是虚空无为、数灭无为和非数灭无为。上述七法在“十二入”中合称法入，在“十八界”中合称法界。……

原典

问：前说十种谓色入，亦无作假色是名色阴，何等为入？

答：所谓眼耳鼻，舌身及与意，

色声香味触，余则说法入。

彼眼入者，眼识所依，四大所造净色，不可见，有对。耳鼻舌身亦如是。差别者，随识所依。意入者，是心意识。名义业世施设，彼名等所作差别应当知。名者，名为心，名为意，名为识。义者，集起是心义，思量是意义，别知是识义。业者，远知是心，前知是意，续生是识。世者，过去世是意，当来世是心，现在世是识。施设①者，界施设心，入施设意，阴施设识。……

色入者三种，谓色、处、俱。色者，青黄赤白，如是广说。处者，身作色②。俱者，如造画等。声入者三种，谓因受四大声③，因不受四大声④，因俱声。因受四大者，谓咽喉唇舌因缘发声。因不受四大者，谓风铃树等因缘发声。因俱声者，谓击鼓吹贝因缘发声。彼声一一有二种，谓可意、不可意。香入者三种，谓好香、恶香、非好恶香。味入者六种，谓辛酸甜苦咸淡。……触入者十一种，谓四大及七种造色[5]。七种造色，谓涩滑轻重冷暖饥渴。涩者粗强，滑者细软，轻者不可称，重者淳厚，冷者求暖，饥者欲食，渴者欲饮。

问：何大增故，涩滑乃至饥渴？

答：或有说无偏增者，彼业报先得涩四大果，乃至饥渴。复有说水火增故滑，地风增故涩，地水增故重，风火增故轻，水风增故冷，风增故饥，火增故渴。……

法入者，四种，无作色，如《业品》说；心法[6]，如《行品》说；心不相应行[7]，如《杂品》说；无为，此品后当说。内入[8]中，眼入境界粗故前说。外入[9]中，色入自性粗故前说。……

注释

①**施设**：意谓建立、发起、安立等。

②**身作色**：指色法大小、长短、高下等外观方面的特征。

③**因受四大声**：指发自有情众生之四大种的声音，如人口舌所发之声。

④**因不受四大声**：指不因有情众生的四大种而发的声音，如木石风雨等自然之音。

⑤ **造色**：指四大种和合而造成的色法。广义而言，现象世界的色法皆是造色，但说一切有部力图于现象背后推求万法的真实种子，故此处的造色仅指下文坚湿暖动等七种，有部以为是真实色法。

⑥ **心法**：说一切有部将一切万法分作色、心、心所、心不相应行及无为等五类。心法指心的意识自相。有时心所法也与心王合称心法，泛指一切精神活动现象。

⑦ **心不相应行**：说一切有部将既不属于色法，又不属于心法的有生灭变化的现象独作一类，名为心不相应行法。

⑧ **内入**：指十二入中的眼耳鼻舌身意，因内在于有情众生的身体之中，故称内入。

⑨ **外入**：指十二入中的色声香味触法，因外在于有情众生的形体，故称外入。

译文

问：前文说过，色阴可以区分为十种色入和无作色。那么，“十二入”到底是什么呢？

答：所谓眼耳鼻，舌身及与意，

色声香味触，余则说法入。

所谓“眼入”，就是地水火风四大种所造成的清净色法，它是眼识生起的内在依据。这种色法是众生自己所见不到的，但具有障碍的功能，其他物质不能从中穿过。耳入、鼻入、舌入、身入也可以这样解释，不同之处在于，耳鼻舌身四入分别是耳识、鼻识、舌识、身识生起的内在依据。所谓“意入”，就是心的意识活动。它具有名称、含义、业行、三世、施设等方面的不同。从名称来看，意识活动可以称作心，可以称作意，也可以称作识。从其含义来说，心的含义是集起，意的含义是思量，识的含义是认识分辨。从业行来看，未来久远的意识活动是心，前一刹那的意识活动是意，从以前延续到现在的意识活动是识。从三世来看，过去世的意识活动是意，未来世的意识活动是心，现在世的意识活动是识。从施设的角度来看，意识活动设置在“十八界”中称作心，设置在“十二入”中称作意，设置在“五阴”中称作识。……

所说的“色入”又可分成三种，一种是青黄赤白等一切物体的颜色，一种是物体的大小高下、长短粗细等形体特征，最后一种是二者的结合，比如绘画艺术，它不仅需要鲜明的颜色，还需要对所绘的物像进行形体大小的合理安排。“声入”也可分成三种，即因受四大声、因不受四大声和因俱声。所谓“因受四大声”，就是一切众生以自身的咽喉口舌等器官为条件所发出的声音。“因不受四大声”，是指大自然发出的声音，如风吹铃鸣，树枝呼啸等。所谓“因俱声”，是指众生借助于自然之物所发出的声音，如击鼓、吹螺贝等。上述声音又都可分成两种，一种是使人欢乐的声音，另一种是使人苦楚的声音。香入可以分成三种：好香、恶香、不好不恶香。味入分成六种，即辛、酸、甜、苦、咸、淡。……触入分成十一种，即地水火风四大种及四大所造成的七种色法。这七种色法是：涩性、滑性、轻性、重性、冷暖、饥与渴。涩性是指物体粗陋强壮，滑性指细嫩柔软，轻性指轻不可称，重性指沉积厚重，冷使人追求温暖，饥使人追求食物，渴使人追求饮水。

问：涩滑乃至饥渴既然是四大种造成的，那么，四大中哪一大种增加而产生涩滑等色法呢？

答：有人认为四大种是平等的，任何一方都不会偏增。他们认为众生因业报的关系，最初获得四大所造的涩性，最后才获得饥渴。但另外有人认为，四大种中水火增多使事物细滑，地风增多使事物粗涩，地水增多使事物沉重，火风增多使事物轻飘，水风增多使人冷，风增多使人饥，火增多使人渴。……

法入有四种，一种是无作色，我们将在《业品》中解释；一种是心法，我们将在《行品》中解释；一种是心不相应行法，我们将在《杂品》中解释；一种是无为法，本品的后一部分将进行解释。在以上“十二入”中，可以分成“内入”、“外入”两大类。“内入”即眼耳鼻舌身意，因其内在于众生之中，所以称为“内入”。在“内入”中，“眼入”所对的外境是物质性的色，在一切事物中最粗，所以在“内入”中先说“眼入”。“外入”即色声香味触法，它们是“内入”所对的外境，所以称作“外入”。在“外入”中，“色入”自身的性质最粗，所以在“外入”中先说“色入”。……

原典

问：所说十八界，为种有十八，名有十八？

答：果种说十七，或说为十二。

境界依者依，分别十八种。

十八界或十七种，或十二种。若取意界则失六识，若取六识则失意界，譬如别取树则失林，若取林则失树，指拳等譬亦如是。若取意界则失六识，若取六识则失意界。

问：若然者，云何说十八界？

答：“境界依者依，分别十八种”。三事故说十八界，依①故，依者②故，境界③故。依谓六依，眼界乃至意界。依者谓六识界，眼识界乃至意识界。境界谓六外界。……

复次，因触故立十八界。眼触三因缘生，谓眼、色、识。如是乃至意。器故，食故，食者故。器谓眼界，食谓色界，食者谓眼识界。

问：界入阴何差别？

答：界说一切法，彼即十二入，

除三无为法，余则说五阴。

一切法[4]说十八界，以不离依故、依者故、缘故。彼一切法即说十二入，七心界为意入，此即义差别。除三无为余法说五阴，积聚势故。

问：若一切法说界，界即是入，除三无为说阴，何故世尊三种说？

答：牟尼观众生，欲解根不同，

性行愚差别，故说阴界入。

众生三种欲解，广略中，广者为说界，中者为说入，略者为说阴。软中上根亦如是。持性憍逸为说界，性义是界义。持财憍逸为说入，输门义是入义。持命憍逸为说阴，以阴死法故。始行者为说界，少行者为说入，已行者为说阴。愚于色心为说界，愚于色为说入，愚于心法为说阴。

问：阴入界有何义？

答：聚积是阴义，输门义说入，

种性义说界，是三种差别。

十一种无量色等。总说色阴，如库藏，如军众。譬如四种军⑤，其类各别，名为军众。色亦如是，虽有十一，同一色相，名为色阴。……如色阴，受想行识阴亦如是。“输门义说入”者，通苦乐故。“种性义说界”者，如一山中多有诸性，金性银性等，如是一身中种种性各异，故说十八界。……

注释

①**依：**意为依止、依凭。此处指眼耳鼻舌身意，为认识活动所依凭者，故称依，又可称作所依。

②**依者：**即依凭活动的主体。此处指眼识等六识界。又称能依。

③**境界：**指色声香味触法等六外界。眼识等能依，依凭眼等所依，作用于色等外界，才有认识活动的顺利完成。

④**一切法：**泛指一切事物现象。

⑤**四种军：**古印度军事上设置的四个兵种，有象兵、马兵、车兵、步兵。

译文

问：上文提到了“十八界”，这是说一切万物真有十八种呢？还是只在名称上分成十八种呢？

答：果种说十七，或说为十二，

境界依者依，分别十八种。

对于“十八界”，有人认为只有十七种法，有人认为只有十二种法。因为眼识界、耳识界、鼻识界、舌识界、身识界、意识界和意界在内容上是一致的。如果取用意界，就不会另有六识界；如果取用六识界，就不会另有意界。这就好比是树与林的关系，如果以树为单位而论，将每一棵树都数尽了，便不会在树之外另有树林。同样，如果以树林为一单位，全部的树都包括在树林之内，就不会有超出树林之外的树。六识界与意界的关系还可比作拳头与手指的关系。因此，我们说如果取用意界就不会另有六识界，如果取用六识界就不会另有意界。

问：既然如此，为什么还要说“十八界”呢？

答：“境界依者依，分别十八种”。认识活动的生起要有三个方面的条件：一是众生所有的认识器官，我们可以称之为“依”；二是认识能力自身，我们可称之为“依者”；三是认识器官与认识能力所对的外部对象，我们可称之为“境界”。从“依”即认识的器官而言，我们建立了眼耳鼻舌身意六界。从“依者”即认识能力而言，我们建立了眼识、耳识、鼻识、舌识、身识、意识六界。从“境界”即认识对象而言，则要建立色声香味触法六界。因此，从认识活动发生的整体进行考察，需要建立“十八界”。……

另外，从触觉的角度进行分析，也需要建立“十八界”。比如眼睛的触觉活动需要有三个条件才能生起，它们是眼根、色境与眼识。我们可以将触觉的生起活动与人的饮食活动相比。饮食活动需要有器皿、食物以及饮食的主体人，眼的触觉活动则需有眼根、色境以及活动的主体眼识。其中的眼根相当于饮食活动中的器皿，色境相当于食物，眼识则相当于饮食主体的人。眼的触觉是这样，耳鼻舌身意的触觉活动也是这样。因此，我们需要建立“十八界”学说。

问：“十八界”、“十二入”与“五阴”有什么不同呢?

答：界说一切法，彼即十二入，

除三无为法，余则说五阴。

“十八界”可以包摄一切万物，因为万物如果不是认识活动所依的根器，就是能依的认识能力；如果这两者都不是，就必定是认识活动的对象。“十八界”正是根据这三个方面的原因而建立的，所以它必定包摄一切万物。“十二入”也可包摄一切万物，它与“十八界”的差别是，“十八界”中的七种心界在“十二入”中总称为“意入”。除三种无为法外，其他一切事物都可包摄在“五阴”之中。为什么要除去三无为法呢？这是因为“五阴”中的事物都能积累自己的势力，而三无为法则不然，所以要除去三无为法。

问：按这种说法，“十八界”、“十二入”、“五阴”的内容都差不多，世尊为什么要分别为三种学说呢？

答：牟尼观众生，欲解根不同，

性行愚差别，故说阴界入。

众生的理解能力是不同的，有的人能理解很多，有的人只能理解很少，其他人的理解则不多不少，处在中等水平。为此，世尊建立了上述三种学说，对理解能力广的人说“十八界”，对中等理解力的人说“十二入”，对低等理解力的人说“五阴”。众生的根器也是不同的，有软中上之别。为此，世尊分别为不同根器的人建立了界、入、阴三种学说。众生的秉性也不相同，有人认为自己品性高贵而傲慢自大，世尊为这种人说“十八界”，所谓“界”的含义就是品类的意思；有人自恃财力而傲慢自大，世尊为这类人说“十二入”，“入”的含义就是输散之门的意思；还有人因寿命长久而傲慢自大，世尊为这类人说“五阴”，因为“五阴”是生死法，不能久远。众生的造业活动也不完全一致。有人刚开始造业，世尊为这样的人说“十八界”；有人已经造业但业行尚少，世尊为这样的人说“十二入”；有人已造作了所有的业，世尊为这样的人说“五阴”。众生愚惑的程度也不尽相同，对那些愚于物质、精神两类现象的人，世尊为之说“十八界”；对于仅愚于物质现象的人，世尊为之说“十二入”；对于仅愚于精神现象的人，世尊为之说“五阴”。

问：阴、入、界三者的名称有什么含义？

答：聚积是阴义，输门义说入，

种性义说界，是三种差别。

阴的含义是聚积。十一种物质性的色法聚起来，总名为色阴。这好比是金银财物，聚积在库房之中总名为库藏。又好比是象、马、车、步等四种军兵，只有按不同的兵种集合在一起，才总称为象兵、马兵、车兵、步兵。物质性的色法也是如此，它虽有十一种之多，但其形相特征是完全一致的，所以聚积起来总称为色阴。……除色阴外，其他四阴也是如此，都是同类事物的聚积。所以，聚积就是阴的含义。所说“输门义说入”的意思是，输散之门是“入”的含义。一切万物都有输入输出，所以“十二入”是通于苦乐的。对于“种性义说界”一句的意思，我们可以通过比喻进行理解，比如一座大山之中埋藏有金银等多种宝藏，就等于说它具有金银等多种性质。众生也是如此，他们的身体之中有多种性质不同的事物，所以建立为“十八界”。……

2 行品第二

原典

已说诸法自相①住，法生今当说。若以诸法摄自性②，谓以自力生者，不然。何以故？

至竟无能生，用离等侣故。

一切众缘力，诸法乃得生。

“至竟无能生，用离等侣故”者，诸行自性羸劣，不能自生。

问：若不自生，当云何生？

答：“一切众缘力，诸法乃得生”。如人船相假得度彼岸，彼心、心法③展转力生，摄受境界亦如是。先当说心、心法由伴生。

若彼心起时，是心必有俱，

诸心法等聚，及不相应行。

诸行展转相因生彼心，若依若缘若刹那[4]生，彼心法等聚生。

问：云何心法等聚？

答：想欲及触慧，念思与解脱，

忆定及与受，此说心等聚。

想者，于境界取像貌。欲者，于缘欲受。触者，于依缘心和合生触境界。慧者，于缘决定审谛。念者，于缘记不忘。思者，功德恶俱相违[5]，造作转心。解脱者，于缘作想受彼限量是事必尔。忆者，于缘发悟。定者，受缘不乱。受者，可乐不可乐俱相违，于境界受。

一切心生时，是生圣所说，

同共一缘行，亦复常相应。

此十法一切善不善无记心[6]俱生，大地可得，故说大地[7]。“同共一缘行”者，一切心同一缘转，不相离，无二决定。“亦复常相应”者，展转共俱，及与心俱常相应，办一事故。

注释

① **自相**：与共相相对，指某一事物自有的相状特征。

② **自性**：诸法内在的不可改变的特性。

③ **心法**：指心所属的一切精神活动，又称心所法。说一切有部将一切法分成五类，即心、心所、心不相应行、色及无为法。此中的心法非指心，而是心所法。

④ **刹那**：梵文 Kṣana 的音译，意译“念顷”、“一念”等。佛教用以表示极短的时间单位。据说一弹指间有六十刹那。

⑤ **功德恶俱相违**：功德指善行及其果报，恶指恶行，俱相违指既非善行又非恶行的造作活动。

⑥ **善不善无记心**：说一切有部将众生的各种心从性质上分作善心、不善心、无记心三种，无记心指众生不记善恶之心，不能以善恶为标准作性质判断。

⑦ **大地**：全称大地法。说一切有部心所法中的一类，内含十法，因能出现于一切心地之中，故称大地法。

译文

我们已经说过，一切万物都是以自身的形相特征而存在的，那么，事物是如何生起的呢？我们现在就进行解释。首先应该知道的是，如果有人认为一切万物既然各有自己的本性特征，所以事物应以自身的力量而生起，他的这种看法就是错误的。为什么呢？因为：

至竟无能生，用离等侣故。

一切众缘力，诸法乃得生。

“至竟无能生，用离等侣故”一句的意思是，一切活动现象都不是自身产生的，因为它们的自性非常羸弱微劣。

问：事物现象如果不是自己产生的，那是怎样产生的呢？

答：“一切众缘力，诸法乃得生”。一切万物是因为各种条件的力量而生起的。这好比是乘舟渡河，必须要人与船相互借助才能到达彼岸。心与心所有的精神现象也是如此，它们互相借助，互相支持，展转生起，又共同作用于外境，以外境事物为条件。在此，我们先说心与心法互相伴随而生起的情况。关于心，我们在前面已经讲过，而心法则是心所属的一切精神现象。

若彼心起时，是心必有俱，

诸心法等聚，及不相应行。

众生的造作活动相互展转以为原因，从而产生了众生的心。此心有自己的内在依据，也有外界的因缘条件，当它在刹那之间生起的时候，必定有属于此心的心法汇集而起。

问：那些汇集而起的心法都是什么呢？

答：想欲及触慧，念思与解脱，

忆定及与受，此说心等聚。

汇集而起的心法包括想、欲、触、慧、念、思、解脱、忆、定、受。其中，所谓想就是对外界事物像相特征的执取。欲是对外界事物的渴望。触是身体器官、外部条件与认识能力相结合而产生的对外物的触觉。慧是对外物进行根本的审思观察。念是对事物记忆不忘。思是以善心、恶心、非善恶心等进行的思惟活动。解脱是对想、受等依于条件而产生的事物进行合情合理的认识。忆是从中发悟。定是指心专注一物而不散乱。受是对外物的感受，分成苦受、乐受、不苦不乐受三种。

一切心生时，是生圣所说，

同共一缘行，亦复常相应。

以上十种心法能随一切善心、恶心、不善不恶的无记心同时生起，出现在一切心地之中，所以称作大地法。"同共一缘行"的意思是，十种心法虽然能随一切心生起，但它们具体生起的时候却是依于一心同时运转的，十种心法不会彼此分离，绝对不会分别依于两种不同的心。"亦复常相应"的意思是，十种心法无论怎样展转运作，总是共在共存的，同时它们又与自己所属的心互相呼应，共同处理同一件事情。

原典

问：相应有何义？

答：等义是相应义。

问：心法或多或少，云何等义是相应义？

答：事等故。若一心中一想二受者，非相应义，以一心一想生，余心法亦尔。以是故等义是相应义。

复次，时依行缘等义是相应义。时等者，一刹那时生故。依等者，若心依眼生，心法亦尔。行等者，若心行青生，心法亦尔。缘等者，若心缘色生，彼亦缘色。是故说常相应。已说心法通一切，不通今当说。

诸根有惭愧，信猗不放逸，

不害精进舍，一切善心俱。

诸根者，谓二善根：不贪，不恚。于生及资生具坏贪著名不贪。于众生数及非众生数坏瞋恚名不恚。于诸过恶自厌名为惭。于诸过恶羞他名为愧。于三宝[①]四谛[②]净心名为信。身心离恶名为猗息[③]。作善方便离恶不作名不放逸。不逼迫他名不害。断起未起恶、生起未起善，欲方便勤修不息名精进。心平等名为舍。

此善十法通一切善心中，若有漏无漏，五识相应，意识相应，故说善大地[④]。已说善大地，烦恼大地[⑤]今当说。

邪解不正忆，不顺智失念，

不信懈怠乱，无明掉放逸。

颠倒解名邪解脱。邪受境界名不正忆。颠倒决定名不顺智。邪记妄受名失念。于三宝四谛不净心名不信。不断起未起恶、不生起未起善，不勤方便，名懈怠。境界所牵，散随诸缘，名为乱。前际等不知名无明。心躁动不息名为掉。离作善方便名放逸。

烦恼大地十，一切秽污心。

无惭及无愧，说不善大地。

"烦恼大地十，一切秽污心"者，此邪解脱等十法，一切染污心俱，谓欲界色界无色界[⑥]，五识身，意识地，是故说烦恼大地。……已说烦恼大地，不善大地[⑦]今当说。

"无惭及无愧，说不善大地"。谓于诸过恶不自厌名无惭。于诸过恶不羞他名无愧。此二法一向不善，一切不善心相应，是故立不善大地中。已说不善大地，小烦恼大地[⑧]今当说。

忿恨诳悭嫉，恼谄覆高害，

如此诸烦恼，许为小大地。

于饶益不饶益，应作不作，非作反作，瞋相续生，名为忿。于可欲不可欲，应作不作，非作反作，忿相续生，名为恨。为欺彼故现承事相名为诳。于财法[⑨]惜著名为悭。于他利养恭敬名誉功德，不忍心忌，名为嫉。不欲事会，所欲事乖，思惟心热，名为恼。覆藏自性，曲顺时宜，名为谄。为名利故，自隐过恶，名为覆。于[10]他性族财富色力梵行[11]持戒智慧正业，心自举持，名为高。欲逼迫他名为害。

此十法说小烦恼大地，不通有故。修道[12]断，非见道[13]断。在意地，非五识。非一心俱生，行各异故。有一则无二。

问：大地、善大地、烦恼大地、不善大地、小烦恼大地何差别?

答：大地四种：善、不善、隐没无记、不隐没无记[14]。善大地唯善。烦恼大地二种：不善及隐没无记。不善大地唯不善。小烦恼大地中，诳、谄、高二种：不善及隐没无记，余一向不善。……

注释

① **三宝**：佛、法、僧三者的统称。

② **四谛**：意为四种真理。佛教将众生及其所在的世界视为苦，为苦谛；苦的原因如业，为集谛；苦的消灭，为灭谛；灭除苦的修行方法，为道谛。苦集灭道统称四谛。

③ **猗息**：《俱舍论》作轻安，指心堪任于事，使身轻乐安稳。是与善心共生的心所法之一。

④ **善大地**：全称善大地法。说一切有部心所法中的一类，内含十法，因遍行于一切善心之中，与善心相伴而生，故称善大地法。

⑤ **烦恼大地**：全称烦恼大地法。说一切有部心所法中的一类，内含十法，因遍行于一切有烦恼的心识活动之中，与烦恼之心相伴而生，故称烦恼大地法。

⑥ **欲界色界无色界**：泛称三界。佛教将众生及其周围的世界分成欲界、色界、无色界三种。欲界众生有形体，有饮食男女等欲望，故称欲界；色界饮食男女等主要的欲望已无，但仍有形体即色，故称色界；无色界众生既无形体内色，又无宫殿楼阁等外色，唯以一心住于禅定之中，故称无色界。

⑦ **不善大地**：全称不善大地法。说一切有部心所法中的一类，内含二法，因遍行于一切不善中，与不善心相伴而生，故称不善大地法。

⑧ **小烦恼大地**：全称小烦恼大地法，说一切有部心所法中的一类，内含十法，因只与部分烦恼之心相伴而生，故名小烦恼大地法。

⑨ **财法**：财谓资财，法指佛法。

⑩ “于”，原文作“方”，改作“于”。

⑪ **梵行**：梵意为清净，梵行指断除淫欲，追求清净的行法。泛指佛教的修行。

⑫ **修道**：行位三道之一。说一切有部将修行的阶段分成见道、修道、无学道三种，认为众生之惑业有的只要认识佛教真理即可断除，此时的修行阶位名见道。有的惑业则需要进一步认识四谛，并按一定的方法进行修习方可断除，此时的修行阶位名修道。一切惑业都尽，更无余法可学的阶位，名无学道。

⑬“见道”，见注⑫。

⑭ **隐没无记、不隐没无记**：又译有覆无记、无覆无记。无记法之两种。隐没无记或曰有覆无记，实际上是不善法，但因其自性极为羸劣，难以识见，故称无记。又因其本为不善法，能隐覆圣道，故称有覆无记或隐没无记。不隐没无记即无覆无记，其法自性羸弱又非善恶，故称不隐没无记或无覆无记。

译文

问：这里所讲的相应是什么意思？

答：相应的意思是相等。

问：心法有时很多，有时很少，怎么说相应的意思是相等呢？

答：因为心法与心所处理的事情是相等的。如果在一心之中有一种想、两种受，那不是相应的含义。实际上，当心面对某一事情的时候，只有与此心相应的一种想产生。其他心法也是如此，也分别只有一种。从这种意义上说相应的意思是相等。

再者，相应的意思是心与心法在时、依、行、缘等方面相等。时等即时间上相等。当心产生之时，心法在一刹那间随之生起，这就是时等。依等是指心与心法依于同样的认识器官。比如心依眼根生起，则心法也依眼根生起，这就是依等。行等是指心与心法造作同样的业行。比如心的造作活动产生了青色，心法便同样造作青色，这就是行等。缘等是指心与心法作用于同样的认识对象。比如心是以色法为认识对象而产生的，心法便也以色为认识对象，这就是缘等。由于上述原因，心与心法是永远相应的。以上十种心法能通行于一切心之中，除此之外，还有一些不能通行于一切心中的心法。这些心法是什么呢？这是我们现在所要谈论的主题。

诸根有惭愧，信猗不放逸，

不害精进舍，一切善心俱。

“诸根”指两种善根，即不贪和不恚。对于自己的生命以及资助生命增长的一切万物不贪爱执着，名为“不贪”。对于众生和非众生的自然事物不瞋怨、不愤恨，名叫“不恚”。对自身的过失、恶行感到厌烦，名叫“惭”。对他人的过失、恶行感到羞愧，名叫“愧”。以清净心对待佛法僧三宝以及苦集灭道四圣谛，名叫“信”。勤修善行，远离恶行，名叫“不放逸”。身心都能远离恶行，名叫“猗息”。不威逼迫害其他众生，名叫“不害”。断除一切已起未起的恶行、生起一切已起未起的善法，以一切方便手段勤修不息，名叫“精进”。对事物平等看待，不偏不倚，名叫“舍”。

这十种是善法，能通行于一切善心之中。它们有时是有烦恼的有漏法，有时是无烦恼的无漏法，但不论在何种情况下，它们总是与眼耳鼻舌身五识相应，又与第六意识相应。这十种心法，我们称为善大地法。善大地法已说毕，接下来我们说烦恼大地法。

邪解不正忆，不顺智失念，

不信懈怠乱，无明掉放逸。

对外物进行颠倒的错误理解，名叫“邪解脱”。对外物进行错误的记忆，名叫“不正忆”。对外物进行完全颠倒的错误分别判断，名叫“不顺智”。因记忆错误而产生不正确的感受，名叫“失念”。以不净心对待佛法僧三宝以及苦集灭道四圣谛，犹豫彷徨，名叫“不信”。不断除已起未起的恶行、不生起已起未起的善法，不以方便手段勤修不息。名叫“懈怠”。心随物转，受外物的牵引飘移不定，名叫“乱”。不能认识事物的过去、现在、未来，名叫“无明”。心躁动不安，奔腾不息，名叫“掉举”。远离一切行善的方法，名叫“放逸”。

烦恼大地十，一切秽污心。

无惭及无愧，说不善大地。

“烦恼大地十，一切秽污心”一句的意思是：邪解脱等上述十种心法，存在于一切染污心中。它不仅在欲界、色界、无色界三界中存在，而且在眼耳鼻舌身五识中，在第六意识中也是存在的。总之，凡是一切有烦恼的心地，必定有上述十种心法相伴而起，所以，上述十种心法称作“烦恼大地法”。……已经说了烦恼大地法，现在我们解释不善大地法。

“无惭及无愧，说不善大地”。对于自己的过失、恶行没有厌烦感，这叫“无惭”。对于别人的过失、恶行不知羞愧，这叫“无愧”。这两种心法一直都是不善法，与一切不善心相应而起，所以立为“不善大地法”。已说“不善大地法”，现在说“小烦恼大地法”。

忿恨诳悭嫉，恼谄覆高害，

如此诸烦恼，许为小大地。

对于应该支持的事情不支持，该做的不做，不该做的反去做，同时对别人的正当行为又心生瞋怒，这叫作“忿”。对于应该追求的不追求，该做的不做，不该做的反去做，同时对别人的追求、行动忿恨不已，这叫作“恨”。为了欺骗别人而乱造事实假相，名叫“诳”。对于财物、佛法吝惜贪着，不作布施，名叫“悭”。对于别人所有的财物、地位、名誉、功德不能忍受，心怀嫉妒，名叫“嫉”。不希望遇到的事偏偏遇到，所希望遇到的事偏偏遇不到，当此之时，心中越想越烦躁，这叫作“恼”。隐藏自己的本来面目，趋炎附势，顺从时宜，这叫“谄”。为了自己获得好处，掩盖错误与恶行，不欲人知，这叫“覆”。认为自己的家族、财富、仪表、道行、持戒、智慧及行为等比别人高尚，扬扬得意，这叫“高”。想要威逼迫害别人，这叫“害”。

这十种心法总称为“小烦恼大地法”。因为它们只在一部分有烦恼的心中存在，不在一切有烦恼的心中存在。在佛教的修行道次中，这十种心法只能在“修道”中断除，不能在“见道”中断除。这十种心法只与第六意识相应，不在眼耳鼻舌身五识中存在。上述十种心法的行为方式互相冲突，所以，不能在一心之中同时生起，如果心中出现了其中之一，其他心法就不再出现。

问：大地法、善大地法、烦恼大地法、不善大地法、小烦恼大地法互相之间有什么区别呢？

答：一切心法都可以分成四种，即善法、不善法、隐没无记法、不隐没无记法。其中，性质善的称善法，性质不善的称不善法，不能以善恶为标准加以区别的是无记法。无记法中有些能遮隐圣道的生起，称隐没无记；有些不会遮隐圣道的生起，称不隐没无记。在一切心法中，“大地法”包括上述四种。“善大地法”中只有善法。“烦恼大地法”中有两种，一种是不善法，一种是隐没无记法。“不善大地法”只有不善法。“小烦恼大地法”中，诳、谄、高等三者有两种，一种是不善法，一种是隐没无记法，其余七种全都是不善法。这就是“大地法”、“善大地法”、“烦恼大地法”、“不善大地法”、“小烦恼大地法”之间的区别。……

原典

问：前说若心生，必心法共生，及不相应行。于中已说心法，心不相应行云何？

答：一切有为法，生住及异灭。

此亦有四相，展转更相为。

“一切有为法，生住及异灭”者，一切有为法[1]有四相：生住异灭。世中起故生，已起自事立故住，已住势衰故异，已异势坏故灭。此相说心不相应行。

问：若一切有为法有四相者，应相复有相。

答："此亦有四相"，即此相俱生生生、住住、异异、灭灭[2]。

问：若尔者便无穷。

答："展转更相为"。相、随相[3]展转相生，非无穷。前生生"生生"，"生生"生前生。如是住、住住各各相住，异、异异各各相异，灭、灭灭各各相灭。……

诸行从因生，彼因今当说。

所作共自分，一切相应报，
从是六种因，转生有为法。

谓所作因[4]、共有因[5]、自分因[6]、一切遍因[7]、相应因[8]、报因[9]，此六因摄一切因，此六因生一切有为行。已说因名，一一相今当说。

相似不相似，各除其自性，
一切是作因，生时无障故。

"相似不相似，各除其自性，一切是作因"者，若相似不相似法[10]，除自性展转为因，说所作因。何以故？"生时无障故"。法生时，除自性一切性各自住异分[11]，等生不障碍。如因地故作净不净业，因空故得往来。如眼识生时，十七界不障碍故生，如是一切界。

问：何以故，自性于自性非所作因？

答：自性不自为故，不自依故。自性于自性，不养不损，不受不害，不持不坏，不增不减，不成不败。不障碍名所作因，自性于自性无不障碍，故不立所作因。

问：若不障碍是所作因者，以何等故不一切法一时生耶？一时灭耶？生时灭耶？灭时生耶？

答：不和合[12]故。虽有所作因，要须和合生。亦非一切法一时和合生、和合灭，亦非一和合二果。

问：若如是者，有一杀众生，余众生不为障碍，何故杀者有罪，非余众生耶？

答：无恶心分，又不作业故。盗等亦如是。……

已说所作因，共有因今当说。

一起性有依，亦复说无依，

当知共有因，展转为因果。

“一起性有依，亦复说无依，当知共有因”者，一时生心，心法随心转心不相应行道，共定共戒及共生四大，此诸法说共有因。“展转为因果”者，若一时起展转为果，是共有因。……

共有因者，诸行展转力一时生，谓心于心法，随心转心不相应行，随心转色，此亦于心也。眼于生等，生等于眼及四大种，展转共有因。有对造色非展转果故，非共有因。……

已说共有因，自分因今当说。

前生与后生，亦说彼未生，

自地相似因，或说于他地。

“前生与后生”者，谓过去前生于过去后生及现在自分因。

问：为已生已生因，复未生因耶？

答：“亦说彼未生”。未生者，谓未来。如是前生后生因，当如过去，现在于未来自分因，未来于未来无自分因，无前后故。

问：云何一切前生于后生、未生自分因为不？

答：自地[13]。欲界欲界因，非他地；乃至非想非非想[14]非想非非想地因，非他地。何以故？因果断地故。

问：云何一切自地，一切自地因为不？

答：“相似自分因”。自地亦相似自分因，非不相似。如善善因，秽污秽污因，无记无记因。以相似相似法相续，谓习善生善，习不善生不善，习工巧[15]生工巧，习威仪生威仪。是说内分外分随种生亦如是。

问：一向自地自分因？复为他地耶？

答：“或说于他地”。他地当分别。若无漏法，一切九地[16]展转因，离爱故，不堕界故，下与胜因，非胜下因。有漏者，爱缚故，堕界故，唯自地。……

已说自分因，一切遍因今当说。

苦集于自地，疑见及无明，

说一切遍因，诸烦恼前起。

“苦集于自地，疑见及无明[17]，说一切遍因”者，长养境界故，一向决定故，二种使[18]故，一切烦恼苦集谛摄故，见苦集所断烦恼种见疑，即彼相应无明及不共无明，此诸使不勤方便亦炽然故，及遍烦恼故，说一切遍因。断知分别故，界分别故，自地非他地。

注释

①**有为法**：与无为法相对，指有生灭变化的事物现象。生住异灭是其基本特征，称有为四相。

②**生生、住住、异异、灭灭**：生谓生起，住谓运持，异谓变异，灭谓死亡。生住异灭为有为四相，一切有为法皆有生住异灭。说一切有部又将生住异灭看作是有为法，各有自己的生住异灭，故有生生、住住、异异、灭灭之说。

③**随相**：又曰"小相"，即指生生、住住、异异、灭灭。因其随生住异灭等"大相"而有，故曰随相。

④**所作因**：六因之一。又译能作因。某物生时，一切不对其发生阻碍作用的事物皆为此物之所作因，故包括的范围极广。

⑤**共有因**：六因之一。又译俱有因。某物生时，其他事物与之相互依存，同时生起，这些事物即互为共有因。如三杖相依而得站立，三杖即互为共有因。

⑥ **自分因**：六因之一。又译同类因、自种因。性质相同的事物，前者为后者的自分因。如善法转生善法，恶法转恶法。

⑦ **一切遍因**：六因之一。又译遍行因，简称遍因。性质相同的染污法，前者是后者的一切遍因。比自分因范围狭小，专指烦恼法而言。

⑧ **相应因**：六因之一。认识发生时，心与心所必同时相应而起，互相依存，二者互为相应因。

⑨ **报因**：六因之一。又译异熟因。指能招三世苦乐果报的善恶业因。唯有不善法及有漏善法能作报因。

⑩ **相似不相似法**：于善恶性质等方面相同的事物是相似法，反之为不相似法。如善与善是相似法，善与恶是不相似法。

⑪ **异分**：即诸法的差异性。

⑫ **和合**：指诸法因缘聚会而成。

⑬ **自地**：指事物自身所在的种类。

⑭ **非想非非想**：又作非想非无想。三界中无色界四天之第四天的名称，因成就非想非非想禅定而得名。此中无粗想故名非想；但有细想故又名非非想。

⑮ **工巧**：指书算计度、歌咏伎乐、农工营造、星占咒术等工艺技能。

⑯ **九地**：又名九有。以欲界为一地，以色界初禅、

二禅、三禅、四禅天各为一地，又以无色界空无边处、识无边处、无所有处、非想非非想处各为一地，合成九地。九地名字分别是：（一）欲界五趣地，（二）离生喜乐地，（三）定生喜乐地，（四）离喜妙乐地，（五）舍念清净地，（六）空无边处地，（七）识无边处地，（八）无所有处地，（九）非想非非想处地。九地实际上是将众生按其生存状态所作的由低到高的分别，也是禅定境界的分别。

⑰ **无明**：即愚痴，不明佛教真理。

⑱ **使**：即烦恼之异名。烦恼能随逐众生，役使众生，使不离三界系缚，故名"使"。有十使、十六使、九十八使、百二十八使等说。

译文

问：前面曾经说过，如果有一心生起，肯定有相应的心法和不相应行法产生。心法已经讲过了，那么，心不相应行法是什么呢？

答：一切有为法，生住及异灭，

　　此亦有四相，展转更相为。

"一切有为法，生住及异灭"的意思是：一切有生灭变化的事物，都有四种基本形相，即生、住、异、灭。从世界中生起是生，生起之后保持自身是住，自身得到保持之后逐渐衰微是异，衰微之后最终坏灭是灭。这四种形相就是心不相应行法的内容。

问：如果一切有为法都有生住异灭四相，则此生住异灭四相还应有自己的形相，对吗？

答："此亦有四相"。生住异灭四相也有四种形相，它们是生生、住住、异异、灭灭。它们将与生住异灭四相同时生起。

问：如果这样，那一切有为法形相的生起不就无穷无尽了吗？

答："展转更相为"。如果我们把生住异灭四相称作本相，则"生生"等四相就是随相。本相与随相互相展转为因，互相生起，所以不是无穷无尽的。本相中的"生"可以生起随相的"生生"，随相的"生生"又反过来生起本相的"生"。本相的"住"与随相的"住住"，本相的"异"与随相的"异异"，本相的"灭"与随相的"灭灭"，其间的关系和"生"及"生生"的关系是一样的，它们只能互相生起。所以，"生住异灭"不是无穷的。……

一切事物现象都是从各自的因中产生的，现在我们就来解释事物生起的因。

所作共自分，一切相应报，

从是六种因，转生有为法。

事物现象产生的原因分成六种，即所作因、共有因、自分因、一切遍因、相应因以及报因。上述六种原因包括了事物生起的一切原因，一切有生灭变化的有为法，都是由于上述六因而生起的。我们已经列举了六因的名字，六因中每一因所指的是什么呢？我们这就进行解释。

相似不相似，各除其自性，

一切是作因，生时无障故。

“相似不相似，各除其自性，一切是作因”的意思是：当某一事物生起时，除其自身之外，其他一切万法无论是否与这一事物性质相近，都是这一事物生起的原因，这种原因，称作所作因。这是为什么呢？因为“生时无障故”。当一种事物产生的时候，除其自身之外，其他一切事物都保持着各自的特性，与正在生起的事物性质不同。然而它们虽然性质不同，却不妨碍正在生起着的这一事物的生起。打个比方，譬如我们的造作业行，无论是清净的还是不清净的，本质上都与大地毫不相干。然而，正是由于有大地载负着我们的身体，我们的造作活动才能得以进行。这就是说大地于我们的造作活动有帮助之功，无妨碍之用，所以，大地这时就是所作因。同样，只有有虚空存在，众生才能往来行走，虚空这时就是所作因。再比如眼识，如果它想生起时，除它自身之外，其他十七界的事物都不能有妨碍的作用。十八界中每一界事物的产生都是如此，只有其他各界事物不作妨碍时才能生起。

问：事物自身为什么不是自身生起的所作因呢？

答：一切事物都不会对自身发挥作用，也不会依于自身而存在。因此，事物对其自身来说，没有养育之功，没有损坏之用，不受用自身，不谋害自身，不支持自身，不破坏自身，不增加自身，不减少自身，不成就自身，不消灭自身。不障碍名叫所作因，事物对自身来说谈不上障碍不障碍的问题，所以不是自身的所作因。

问：如果不障碍是所作因，那么，为什么一切万物不是同一时间产生，同一时间灭亡的呢？为什么它们产生时不是灭亡、灭亡时不是产生呢？

答：这是因为，事物的产生与灭亡需要多种条件的聚合。虽然所作因是一直存在的，但尚需其他条件的聚合才能生灭变化，而事物的其他条件各自不同，所以，一切万物不是同一时刻条件聚合而生的，也不是同一时刻条件离散而灭的，一种条件的聚合，决不会产生两种不同结果。

问：如果这样的话，假设有人犯了杀业，其他的人没有妨碍他犯杀罪，为什么只有杀人的人有杀罪，其他人没有杀罪呢？

答：这是因为其他的人虽不妨碍，但却没有恶心，又不直接造作恶业。偷盗等犯罪行为也是如此。……

已经解释完所作因，现在解释共有因。

一起性有依，亦复说无依，

当知共有因，展转为因果。

“一起性有依，亦复说无依，当知共有因”的意思是：如果某一时刻产生一种心，随着这种心的运动变化，就有与之相应的心法和心不相应行法产生，它们与心同处一种禅定之中，同在一种戒律之内，共同生起地水火风四大，上述的心、心法、心不相应行法互相之间就是共有因。“展转为因果”的意思是：作为共有因的心、心法、心不相应行法，如果它们同时生起，互相之间就能分别成为对方的结果。这些能互为结果的事物，彼此之间就互为共有因。……

人们的造作行为，因自身力量的运动变化，能在瞬间产生出许多事情，比如说心，它能在瞬间产生许多心法，产生许多随心运动的心不相应行法，产生许多随心转变的物质性色法，对于心来说，上述一切都是共有因。再比如眼识与眼识的“生”，“生”与眼识及相应的四大种，互相之间都是对方的共有因。但四大种虽是“生”的共有因，四大所造成的有障碍功能的物质性色法却不是共有因。因为“生”与“四大种”能互为结果，而“生”与四大所造的色法则不能互为结果，只有四大造色能是“生”的结果，“生”不能是四大造色的结果，所以它们之间不是共有因。……

解释完共有因，现在来解释自分因。

前生与后生，亦说彼未生，

自地相似因，或说于他地。

“前生与后生”的意思是：事物在过去世中，前一次生是后一次生的自分因，过去世的生是现在世的生的自分因。

问：这就是说，已经生起的事物才有自分因，那么，尚未生起的事物有自分因吗？

答：“亦说彼未生”。尚未生起的事物也有自分因。所谓“未生”，实际上是指事物在未来世中生起。我们已经知道，事物的前一次生是后一次生的自分因，这样我们就能推知，事物的过去、现在是未来的自分因，但未来对未来不是自分因，因为未来是没有前后的。

问：是否一切前生毫无选择都是后生及未来生的自分因呢？

答：不是。事物只有在同一界地之中，前生才是后生及未来生的自分因。比如，欲界事物只能是欲界事物的自分因，不是其他八地的自分因。如此等等，乃至非想非非想地事物只是非想非非想地事物的自分因，不是其他八地的自分因。为什么呢？因为一旦跨出界地，事物的因果关系就不存在了。

问：在每一界地之中都有许多事物，在同一界地之中，是否一切事物都是自分因呢？

答：不是如此。只有相似事物之间才有自分因，不相似的事物即使在同一界地之中也不能成为自分因。比如，善法只是善法的自分因，秽污法只是秽污法的自分因，无记法只是无记法的自分因。因为只有相似的事物才能展转续生，比如我们修行善法只能生善心，修习不善法能生不善心，修习各种工艺技巧能生工巧心，修习威严仪表能生威仪心，这就是说无论内外，只有同类事物才能有自分因。

问：一切事物只有在同一界地中才有自分因吗？其他界地中是否也存在自分因呢？

答："或说于他地"。对于其他界地我们应该区别对待，如果是没有烦恼的无漏法，那么，九地中的所有事物都是它的自分因，因为无漏法已经远离贪爱，不会堕落到任何界地之中，所以在九地中的一切事物都能成为它的原因。但无漏法不是九地中事物的原因，因为事物的低层次形式可以是其高层次形式的原因，而高层次形式则不能是低层次形式的原因。对于有烦恼的有漏法，因为它被贪爱系缚，又只存在于自身的界地之中，所以便只有在同一界地之中才有自分因。……

已经解说完自分因，现在解释一切遍因。

苦集于自地，疑见及无明，

说一切遍因，诸烦恼前起。

“苦集于自地，疑见及无明，说一切遍因”的意思是：在修行过程的见道位中，见苦所断与见集所断的五见与疑，以及与之相应的无明等烦恼，因为它们能助长其他烦恼，决定不二，即使不作努力也会炽烈燃烧，势力强劲，遍行于其他各种烦恼之中，所以它们就可称作一切遍因。一切烦恼都包括在苦圣谛和集圣谛之中，见道位的修行对它们的断除虽然是相同的，都是因知而断的，但烦恼所在的界地却是不同的，所以一切遍因只在同一界地中存在，不能在其他界地中存在。

原典

问：为谁遍因？为何分是遍因？

答：“诸烦恼前起”。过去，现在未来一切遍因；现在，未来一切遍因。又复诸烦恼心相续生，如我见[①]，审尔计着，以见力故起常，审尔计着，谤真谛[②]相受第一及清净，于谛犹豫，贪恚痴慢等诸过差别生。如是一切一切遍应当知。一切遍《使品》当说。已说一切遍因，相应因今当说。

谓同一行法，一依亦一时，

及一境界转，是说相应因。

若行若依若时若境界心转，即彼行彼依彼时彼境界受等心法转；若彼心法转，即彼心转，性羸劣故，展转力生如束芦。是故说心于心法相应因，心法于心法及心因，非心于心因。何以故？三事故。无一刹那二心俱生，前心不待后心，一切诸法自性不自顾。色、心、不相应行无相应因，无缘故。已说相应因，报因今当说。

不善善有漏，三世之所摄，

以彼有报故，说名为报因。

若善有漏[③]及不善，堕三世行，于生死中，生生相续果报生，谓善爱果，不善不爱果。……

已说因自性如此，因受果[④]，与果[⑤]今当说。

五中世受果，亦说二与果，

已尽与果一,二因当分别。

“五中世受果”者，现在名中世，五因住现在世受果。“亦说二与果”者，若相应因、共有因住现在世与果，于此时受果即于此时与果，故说二与果。

“已尽与果一”者，已尽名过去，报因于过去世住与果。“二因当分别”者，谓自分因及遍因，或住现在世与果，或过去世。所作因不说，以乱故。已说因受果与果，世建立今当说。

作因一切法，二因说二世，

余三说三世[6]，增依报功果。

“作因一切法，二因说二世，余三说三世”者，有为无为，一切法说作因；自分因、一切遍因说过去、现在；余三因说三世。已分别三世诸因，若果因有果今当说。“增依报功果”。作因有增上果[7]；自分因、遍因有依果[8]；报因有报果[9]；相应因、共有因有功用果[10]。已分别诸因，诸法从因生今当说。

报生心心法，及与诸烦恼，

悉从五因生，是义应当知。

“报生心心法，及与诸烦恼，悉从五因生”者，彼报生心心法[11]及烦恼心心法，从五因生。报生心心法五因：所作、共同、自分、相应、报因。

所作因者，彼法生时，相似不相似法住不障碍。共有因者，展转力生展转为伴，及心不相应行伴生。自分因者，彼前生自分法。相应因者，彼俱一缘中转。报因者，彼善不善，此则彼果。除遍因，报无记故。烦恼心心法除报因，染污故从遍因生，余四因如前说。

若彼不相应，诸余相应法，

除其初无漏，是从四因生。

报色[12]及心不相应行从四因生。除遍因，无记故；除相应因，无缘故。秽污色及心不相应行从四因生。除相应因，无缘故；除报因，染污故。

“诸余相应法，除其初无漏”者，谓善有漏心心法、威仪工巧变化心心法、除苦法忍[13]相应诸余无漏心心法从四因生，除遍因、报因。

谓余不相应，自分当知三，

及诸余相应，初生无漏法。

谓报生秽污余若有自分因，除初无漏，从三因生：所作因、共有因、自分因。非相应因，无缘故。二因前已除。“及诸余相应，初生无漏法”者，如苦法忍相应法亦三因生：所作因、共有因、相应因。无前生无漏故，无自分因。亦无遍因、报因。

于中不相应，是从于二因。

若从一因生，当知必无有。

“于中不相应，是从于二因”者，初无漏品中色、心不相应行从二因生：所作因、共有因。已说一切有为法，于彼广说中，从一因生者必无有。何以故？自性羸劣故。乃至一极微生，亦除自己诸余一切法所作因，及共生生住异灭亦共有因。……已说诸因，……缘今当说。

次第亦缘缘，增上及与因，

法从四缘生，世尊之所说。

一切法性缘力境界力摄受生，性羸劣故。一切缘皆四缘[14]摄。彼与开道方便是次第缘[15]，任杖方便是缘缘[16]，不障碍分是增上缘[17]，种子法[18]方便是因缘[19]。

除罗汉[20]后心，诸余心心法，

常有行已生，是说次第缘。

除阿罗汉最后心相应，诸余过去现在心心法一一相续生，彼诸心一一生相续无间故，名次第缘。彼阿罗汉最后心相应非次第缘，无余心相续故。未来心心法未起故，无余心相续，亦无次第缘。……

注释

①**我见**：我谓自我，即众生的自在本体。佛教认为众生无我，如果认为众生有我，称为我见，是佛教坚决反对的邪见之一。

②**真谛**：又称第一义谛、胜义谛等，指佛教的真理。

③**善有漏**：善法分成有漏、无漏两种。能招引后世果报、造成众生生死轮回的善法，称作有漏善法。

④**受果**：指因已转化成果。

⑤**与果**：指因正向果转化。

⑥**三世**：即过去世、现在世、未来世，佛教分析

世界的时间理论。

⑦ **增上果**：佛教五果之一。增上意为增进助长，所作因所生之果名增上果。

⑧ **依果**：又译等流果，佛教五果之一。自分因与一切遍因所生之果。此果与因的善恶性质相同。

⑨ **报果**：又译异熟果，佛教五果之一。指前生的善恶行为所招的果报，为报因所生。

⑩ **功用果**：又译士用果、士夫果。佛教五果之一。指人们使用工具所造的各类事情，为共有因、相应因所生，因对众生有功用，故名功用果。

⑪ **报生心心法**：指心、心法中因报因而生者，即由前生业力转化而生起的心、心法。

⑫ **报色**：即报因所生之色法，由前生业力转化而成。

⑬ **苦法忍**：又译苦法智忍，八忍之一。忍意为信，苦法忍指观察欲界苦谛而正断其见惑的一种智慧。

⑭ **四缘**：佛教缘起理论之一，指一切有为法借以生起的四类条件。

⑮ **次第缘**：又译等无间缘，佛教四缘之一。只适用于心、心所等精神现象，意为已灭之前念能为后念之生起开通道路。

⑯ **缘缘**：又译所缘缘，佛教四缘之一。认识活动

需借赖于认识对象方能产生，认识对象即是认识活动的缘缘。

⑰ **增上缘**：佛教四缘之一。某物生起时，其他事物不起障碍作用，此其他事物即是前者生起的增上缘。与六因中的所作因相同。

⑱ **种子法**：指事物的种子，为万物产生的根本内因。

⑲ **因缘**：佛教四缘之一，指能直接产生自果的事物的内在原因。

⑳ **罗汉**：梵文 Arhat 的音译。小乘佛教修行的最高果位。有三义：（一）杀贼，贼指烦恼，杀贼意为灭尽一切烦恼；（二）应供，谓应受人天一切供养；（三）不生，谓已经涅槃，不再生死轮回。

译文

问：一切遍因是谁的一切遍因？怎样才是一切遍因？

答：一切烦恼，过去世中生起的是现在世、未来世烦恼的一切遍因。现在世的烦恼是未来世烦恼的一切遍因。此外，一切烦恼相续而生，譬如说有我之见，它不断地观察算计，由于有见的力量又认为自身是常。它继续观察算计，便诽谤真理，将自身的感受看作是绝对真实的，看作是清净无秽的。由于它怀疑四谛真理，便又分别生起了贪、恚、痴、慢等各种烦恼。这样一直进行下去，一切烦恼便相续而起。从这种角度看，一切烦恼都是其他烦恼的一切遍因。对于一切遍因，我们将在《使品》进行更为详细的解释，现在我们要说明相应因。

谓同一行法，一依亦一时，

及一境界转，是说相应因。

如果心在某一行为中活动、依于某一认识器官活动、在某一时间内活动、作用于某一对象活动，那么，就在这一行为、这一器官、这一时间、这一对象之内，肯定有感受等心法在进行活动；相反，如果感受等心法在进行活动，也必有相应的心随之而动。对于心和心法任何一方来说，它们的自性都是羸弱、微劣的，必须互相依持才能共同生起。所以，我们就可以说心是心法的相应因，心法是心与其他心法的相应因。但心不能是心的相应因，为什么呢？有三种原因，第一：不可能在一刹那间有两种心同时生起；第二：前一个心不会等待后一个心；第三：一切事物从自性上看都不会自己照顾自己。因此，心不是心的相应因。色、心与心不相应行法之间也没有相应因，因为没有相应因所必须具备的条件。解释完相应因，现在我们来说报因。

不善善有漏，三世之所摄，

以彼有报故，说名为报因。

善法之中，有烦恼的称为有漏善法。此有漏善法与不善法将于过去、现在、未来三世中存在与运动，处于不断地生死之中，相续不断，招致善恶果报。因为能招致果报的生起，所以，这有漏善法与不善法就可称作报因。其中，有漏的善法能招致众生喜爱的果报，而不善法则招致众生痛苦的果报。……

至此，我们已将六因自身的性质作了逐个的解释。我们知道，有原因则必定有结果，那么，六因是如何获得果报、引发果报的呢？

五中世受果，亦说二与果，

已尽与果一，二因当分别。

“五中世受果”的意思是：除所作因之外，六因中的其他五因都在现在世中获得果报，所谓“中世”指的就是三世中的现在世。“亦说二与果”的意思是：相应因和共有因在现在世中引发果报，它们不仅在现在世中获得果报，同时即于现在世中开始果报的引发，所以有“二与果”之说。

“已尽与果一”的意思是：报因在过去世中开始引发果报，所谓“已尽”意思指的就是三世中的过去世。“二因当分别”的意思是：自分因和一切遍因有时在现在世中引发果报，有时在过去世中引发果报。在此我们没有谈到所作因，那是因为所作因的内容杂乱，很难对其获得果报和引发果报的情况给予清楚说明。上面我们对六因获得果报、引发果报的情况进行了解释，其中提到了三世的概念，那么，六因各自存在于三世中的哪一世呢？这是现在我们所要回答的问题。

作因一切法，二因说二世，

余三说三世，增依报功果。

“作因一切法，二因说二世，余三说三世”的意思是：一切万物，无论它是有生灭变化的有为法，还是超越生灭变化的无为法，都是所作因的内容，所以所作因存在于过去、现在、未来三世之中，也存在于三世之外的涅槃无为之中；自分因和一切遍因只在过去世、现在世中存在，不在未来世中；其他三种因则通在过去、现在、未来三世中存在。已分辨六因在三世中存在的情况，现在解释六因所生之果的问题。六因能生四果，即“增依报功果”。所作因能引生增上果；自分因、一切遍因能引生依果；报因能引生报果；相应因、共有因则能引生功用果。以上对六因的具体问题进行了解释，下面我们解释因生诸法的问题。

报生心心法，及与诸烦恼，

悉从五因生，是义应当知。

“报生心心法，及与诸烦恼，悉从五因生”的意思是：一切作为果报而产生的心及其所属的心法现象，以及一切有烦恼的心及其所属的心法现象，都是从五种原因中产生的。作为果报的心及其所属的心法现象的五种原因是：所作因、共有因、自分因、相应因和报因。

其中，当心或心法产生时，其他诸法无论与之性质相同还是不同，都对此法的生起没有障碍作用，此其他诸法便是正在生起的心或心法的所作因。共有因是，心与心法展转为伴，相随而起，又有心不相应行法相伴而生，此心与心法，及相伴而生的心不相应行法即互为共有因。自分因是，某一心或心法产生时，前一刹那存在的自身是其自分因。相应因是，当某一心或心法生起时，与之同缘一处而活动的其他事物是其相应因。报因是，当心或心法是善不善业的结果时，此善不善业便是此心或心法的报因。作为果报而产生的心及其所属的心法现象没有一切遍因，因为一切遍因所涉及的都是有烦恼的不善的精神现象，而作为果报而产生的心或心法是不记善恶的。有烦恼的恶心及其所属的心法现象，也有五种生起的原因，但五因的内容与报生心及心法的五因不同，它不包括报因，因为报因所生之法不记善恶，而烦恼恶心及心法则一向是恶。由于同样的原因，有烦恼的恶心及其心法是一切遍因的产物。此外，所作因、共有因、自分因、相应因等四因也是有烦恼的恶心及其心法的原因，此四因的内容如前，恕不再叙。

若彼不相应，诸余相应法，

除其初无漏，是从四因生。

作为果报而生起的物质性色法，以及与之相伴而起的心不相应行法，从四种原因中生起，即所作因、共有因、自分因、报因。没有一切遍因，因为此种色法及心不相应行法不记善恶；也没有相应因，因为它们没有所缘的境界，而只有两种以上的心或心法同缘一境才互为相应因。有秽污的物质性色法，以及与之相伴而起的心不相应行法，也是从四种原因中产生的，它们是所作因、共有因、自分因、一切遍因。没有相应因，因为色法没有所缘的境界；也没有报因，因为报因所生之法不记善恶，而有秽污的色法及其心不相应行法则一向是有染污的恶法。以上解释了色法及心不相应行法产生的原因，色法及心不相应行法可统称为不相应法，心与心法则可称作相应法。在相应法中，我们已经解释了作为果报而产生的报生心、心法和一切烦恼恶心、心法产生的原因，它们都是五种原因而产生的。

此外，所谓“诸余相应法，除其初无漏”，就是说有烦恼的善心及其心法、威仪心及其心法、工巧心及其心法、变化心及其心法，以及没有烦恼的无漏心及其心法。以上诸心及心法，除最初的名为“苦法智忍”的无漏心及其心法之外，都是从四种原因中产生的，即所作因、共有因、相应因和自分因。没有一切遍因，也没有报因，道理同前。

谓余不相应，自分当知三，

及诸余相应，初生无漏法。

除报生色法及其不相应行法、秽污色法及其不相应行法之外，其他不相应法如果有自分因，自身前后相续，则从三种原因产生，即所作因、共有因、自分因。没有相应因，因为它们没有所缘的境界；也没有一切遍因和报因，道理如前。应该注意的是，此中不包括最初无漏心的状态中存在的色法及心不相应行法，它们不是由三种原因产生的。“及诸余相应，初生无漏法”的意思是，所谓“余相应”指的就是苦法智忍这一最初的无漏心，此苦法智忍以及与之相应心法，也是从三种原因产生的，即所作因、共有因和相应因。此苦法智忍是最初的无漏法，没有前无漏法，所以不存在自分因。因为是无漏法，所以也不存在一切遍因和报因。

于中不相应，是从于二因。

若从一因生，当知必无有。

“于中不相应，是从于二因”的意思是，在最初无漏心即苦法智忍状态中相伴而起的色法和心不相应行法，是从两种原因中产生的，即所作因和共有因。至此，我们已经对一切事物现象产生的原因作了说明，进一步而言，则绝对没有任何一种事物是只从一种原因而生的。为什么呢？因为一切事物的自性都是羸弱微劣的，不能只靠自身的力量即能生起。一切万物都是如此，哪怕只是一极微，当它生起之时，也要以自身之外的一切万物为所作因，以与之共起的生住异灭为共有因。……以上我们解释了事物生起的原因，……应当知道，事物的生起还要有一定的条件即缘，我们现在就来解释缘。

次第亦缘缘，增上及与因，

法从四缘生，世尊之所说。

一切万物因为自身性质羸弱微劣，所以还需要有内在外在的条件力量才能生起。对于这些条件，我们分成四种，称为四缘，即次第缘、缘缘、增上缘、因缘。此四缘可以总摄事物生起的一切条件。如果某一事物生起时，另一事物为其产生开辟道路，任其通行，后者就是前者的次第缘。如果某一事物生起时，其他事物为其提供方便，任其依持，后者是前者的缘缘。如果某一事物生起时，其他事物不加阻碍，后者是前者的增上缘。某一事物生起时，自身的内在种子是其因缘。以上概说，下面作具体解释。

除罗汉后心，诸余心心法，

常有行已生，是说次第缘。

除阿罗汉最后心及其相应的心法，其他在过去、现在世中存在的一切心及心法，都是相互延续而产生的。这些心与心法一一相续，从不间断，所以，前心是后心的次第缘。阿罗汉最后心及其心法不是次第缘，因为此后再也没有其他的心相续而生了。未来世的心与心法尚未生起，谈不上心心相续的问题，所以也没有次第缘。……

原典

问：以何等故，色、心不相应行非次第缘？

答：以乱故。不乱者说次第缘，色、心不相应行乱故，非次第缘。……已说次第缘，缘缘今当说。

境界于一切，心及诸心法，

是故一切法，说名为缘缘。

一切法是心、心法缘，随其事谓眼识及相应以色为缘，乃至意识及相应以一切法为缘。……已说缘缘，增上缘今当说。

若彼所作因，此即增上缘。

所谓因缘者，当知余因说。

前说所作因，当知即是增上缘。除自性，一切性不障碍故。法生时自作己事以胜故名增上缘。已说增上缘，因缘今当说。“所谓因缘者，当知余因说”。除所作因，余因说因缘。已说缘，诸法随缘生今当说。

心及诸心法，是从四缘生，

二正受从三，谓余说于二。

“心及诸心法，是从四缘生”者，心、心法从四缘生。前开导故生是彼次第缘，境界是彼缘缘，除自己余一切法是彼增上缘，余因随其所应说因缘。

“二正受从三”者，无想正受①、灭尽正受②从三缘生。二正受前心、心法是彼次第缘，自地前生善法及彼共起四相是彼因缘，增上缘如前说。

“谓余说于二”者，除无想定③、灭尽定④，余心不相应行及色，此诸法二缘生，谓因缘、增上缘。……

注释

① **无想正受**：心在无想定中的精神感受。见注③。

② **灭尽正受**：心在灭尽定中的精神感受。见注④。

③ **无想定**：梵文 Asaṃjñisamāpatti 的意译。心不相应行法之一。修无想定能使一切心识活动全部停止，而产生一种非色非心之法补领心处，这种禅定名无想定。

佛教认为是外道的禅定方法。

④**灭尽定**：梵文 Nirodhasamāpatti 的意译。心不相应行法之一。与无想定合为二无心定。指灭除一切心识活动的禅定境界。是佛教圣者修习禅定的方法。一般认为，外道的无想定仅在色界的第四禅天，而佛教的灭尽定则在无色界的非想非非想处天，并由此获得阿罗汉果。

译文

问：为什么色法及心不相应行法不是次第缘？

答：那是因为杂乱的缘故。只有相续不乱才是次第缘，色法和心不相应行法杂乱无序，非相续而生，所以不是次第缘。……解释完次第缘之后，现在来解释缘缘。

境界于一切，心及诸心法，

是故一切法，说名为缘缘。

所谓缘缘，指的是心及心法所缘的境界对象。从整体而言，一切万物都是心及心法所缘的对象，但不同的心及心法所缘的对象各不相同。具体地说，眼识及其相应的心法以物质性的色法为对象，耳识及其相应心法以声音为对象，鼻识及其相应心法以香味为对象，舌识及其心法以味道为对象，身识及其心法以触觉为对象，意识及其心法以一切万物为对象。……所以，从总体而言，一切万物都是心及心法的缘缘。解释了缘缘，现在解释增上缘。

若彼所作因，此即增上缘。

所谓因缘者，当知余因说。

前文所说的所作因，在四缘中就是增上缘。因为事物生起时，除其自身之外的一切万物都不对它的生起产生障碍的作用。某一事物产生时，其他事物只作自身应作之事，不加障碍，以使正在产生的事物顺利产生，这就叫增上缘。解释了增上缘，那么什么是因缘呢？“所谓因缘者，当知余因说”。除所作因之外，六因中的其他五因都是事物产生的因缘。至此，我们已对四缘的概念进行了解释，应当知道，一切万物都是从缘即条件产生的，也就是说缘生万法。那么，万法是怎样从缘中生起的呢？

心及诸心法，是从四缘生，

二正受从三，谓余说于二。

“心及诸心法，是从四缘生”的意思是：心及一切心法从四缘生起。具体地说，心及心法前一刹那能为后一刹那开通生起之路，前心、心法即是后心、心法的次第缘。心及心法所依据的外界事物是其缘缘。除自身之外的一切万物是其增上缘，此即六因中的所作因。除所作因外，六因中的其他五因是其因缘。

“二正受从三”的意思是：无想正受和灭尽正受从三种缘生起。两种正受前一刹那的心及心法是其次第缘。在两种正受之前的、与之属于同一界地的善法及与善法共起的生住异灭四相，是其因缘。此外还有增上缘，与前文所述相同，指除其自身而外的一切万物。所以，两种正受从次第缘、因缘、增上缘三缘生起。

“谓余说于二”的意思是：除无想定、灭尽定以外的其他一切心不相应行法和一切色法，都是从两种缘生起的，即因缘和增上缘。……

3 业品第三

原典

已说诸行展转因缘力生，彼诸行所起种种生，生生差别，胜者唯业。彼业今当说。

业能庄饰世，趣趣各处处，

是以当思业，求离世解脱。

“业能庄饰世，趣趣各处处”者，如是一切五趣[①]种种性生，种种业庄饰。以业为种，彼有芽生，业差别故生差别，如种差别故芽差别。“是以当思业，求离世解脱[②]”。业于受生胜故，是故欲背生死者当善观察。

问：谁业？

答：身口意集业，在于有有中，

彼业为诸行，严饰种种身。

“身口意集业，在于有有中”者，身业[③]、口业[④]、意业[5]，此三业生种种果。众生住于本有[6]、死有[7]、中有[8]、生有[9]中修集诸业。

问：云何立三业？为自性故，为依故，为等起故？若自性者应一业，谓语业。若依者，一切依身，亦应一业，谓身业。若等起者，一切从意起，亦应一业，谓意业。

答：此亦如是，三事故。彼自性者语业，以语即业故。依者身业，以业依身故，身作故，身合故，身运故。等起者意业，虽身业口业，意业所起，然不共受，名如眼识。……是业相今当略说。

身业当知二，谓作及无作，

口业亦如是，意业当知思。

"身业当知二，谓作及无作"者，身业二种：作性及无作性[10]。作者，身动身方便身作。无作者，身动灭已，与余识俱彼性随生。如善受戒，秽污、无记心现在前，善戒[11]随生；如恶戒[12]人，善、无记心现在前，恶戒随生。"口业亦如是"者，口业二种，作无作性，如前说。

"意业当知思"者，意业是思自性。有欲令意业是无作性，此则不然，意非作性，非色故及三种[13]故。无作亦名不乐，亦名离，亦名舍，亦名不作。以不作之名是无作。言非业者不然，何以故？作故。若善不作不善，若不善不作善，亦名作。如舍觉支[14]不以名舍故舍修道，止余事故名舍。彼亦如是。

又复作因故作果故，见因说果，如世尊说。形质故是色，无作亦非色，以作是色故彼亦名色。彼亦如是。已说五业[15]，如此业种种种差别今当说。

作当知三种，善不善无记，

意业亦如是，余不说无记。

"作当知三种，善不善无记"者，身作及口作三种：善、不善、无记。彼善者，净心身口动，如施戒等。不善者，不善心身口动，如杀生等。无记者，无记心身口动。

"意业亦如是"者，意业亦三种，善心相应是善，不善心相应是不善，无记心相应是无记。"余不说无记"者，余二业身无作及口无作，彼二种：善、不善，无无记。何以故？无记心羸劣故。……

注释

① **五趣：** 亦称五道。佛教认为，众生因前生善恶行为的不同有种种轮回转生的种类，即地狱、傍生也译畜生、饿鬼、人、天，称为五道轮回。若加上阿修罗，则为六道或六趣，即是通常所说的六道轮回。

②**解脱**：梵文Mukṣa的意译。指从烦恼的系缚中摆脱出来，自由自在。

③**身业**：指身体的行动。

④**口业**：又称语业，指语言。

⑤**意业**：指思惟活动。

⑥**本有**：佛教四有之一。指众生的本体在结生刹那以后至死亡之前的全部生命状态。

⑦**死有**：佛教四有之一。指众生的本体在临死时的最后一念。

⑧**中有**：亦称中阴、中蕴等。佛教四有之一。指众生的本体于此世死后于彼世生前而存在的中间状态。

⑨**生有**：佛教四有之一。指众生的本体结生刹那的存在状态。四有是佛教用以解释众生业报轮回详细过程的理论之一。

⑩**作性及无作性**：又译表业无表业，是佛教对身口二业的性质所作的两种区分。作性意为身口造作，表业意为身口业之显露者。作性或说表业将随身口动作的停止而消失，但此身口动作停止后，将有一种与之性质相同的业力断续存在，延续不断，这种业力就是无作性。因其不表露出来，所以又译无表色。

⑪**善戒**：指守护善心的戒律，与恶戒相对。

⑫**恶戒**：与善戒相对，指守护恶心的戒律，能令

善法不生。

⑬ **三种**：指前文所说的身动、身方便、身作。

⑭ **舍觉支**：佛教七觉支之一。指舍弃一切分别，用佛教真理平等待物，心无偏颇。被看作是实现佛教觉悟的方法之一。

⑮ **五业**：即所说的身作业、身无作业、口作业、口无作业、意业。其中作业又称表业，无作业又称无表业。

译文

通过前文叙述我们知道，众生的造作活动所引起的事物现象，都是依靠因缘的力量而生起的。我们还需知道，众生的造作活动能导致他各种各样的生死轮回。在轮回过程之中，众生的每一生死都不尽相同，其间的主要区别就在于业。那么，业是什么呢？这就是我们现在所要解释的问题。

业能庄饰世，趣趣各处处，

是以当思业，求离世解脱。

“业能庄饰世，趣趣各处处”的意思是：天、人、地狱、饿鬼、畜生等五趣众生，它们的自性各不相同，也有各不相同的业以为庄饰。众生以业为种子，才有各自的生；众生的业互不相同，它的生也彼此有别。这就好比是种与芽的关系，由于生物的种子不同，它的芽也就互相差别；同样，众生的业不同，它的生也互相差别。因此，人应当勤于业的思考，只有如此，才能从世俗世界中解脱。总之，业是决定众生生死的关键力量，因此，若想超越生死、涅槃解脱，就应当善于对业进行观察思考。

问：业的作用我们清楚了。那么，所谓的业是谁的业呢？

答：身口意集业，在于有有中，

彼业为诸行，严饰种种身。

“身口意集业，在于有有中”的意思是：一切业可以分成身业、口业、意业三种，由此三业产生种种果报。众生每一生死轮回过程可分成四个阶段，即本有、生有、死有、中有。众生的一切业都是在这四个阶段中造作聚集的。

问：为什么一切业分成身、口、意三种？是因为业的自性呢？还是因为业所依的形体呢？抑或是因为它无间隔的生起呢？如果以业的自性为原因，那只能有一种业，即语业。如果以业所依的形体为原因，也只能有一种业，即身业。如果以业无间隔的生起为原因，同样也只有一种业，即意业。那么，到底是什么原因将一切业分别身、口、意三业呢？

答：分别成三业的原因，就是你刚刚提到的三种理由。由于业的自性，我们分别出语业。因为业的自性就是众生的语言。由于业所依存的形体，我们分出身业。因为它要依存于众生的身体，是身体活动的产物，要与身体结合，并随身体活动而运动变化。由于意识活动是无间隔地生起的，所以，我们将意识的造作活动分作意业。虽然身业、语业也需要意识活动的帮助才能生起，但它们所感生的果报不同，所以要将意业与身、口二业分别开来。比如，意业能感生眼识，身口二业则不能，由此一切业分成身、口、意三业。……现在我们来解释业的形相特征。

身业当知二，谓作及无作，

口业亦如是，意业当知思。

“身业当知二，谓作及无作”的意思是：从业的形相特征来看，身业可以分成两种，即身作业及身无作业。所谓身作业，指的就是众生身体的造作活动。而身无作业，则指身体的造作活动停止之后，随心识一起产生的一种潜在的业性。比如，一个人受过善戒之后，当再有秽污恶心或不记善恶的无记心生起时，他总能感受到善戒力量的存在。相反，一个人受过恶戒之后，当再有善心或无记心生起时，他也总能感到恶戒力量的存在。当此之时，众生的受戒活动早已停止，但其戒力却在受戒之后一直潜存，影响他的思惟及活动，这种潜在的戒力就是身无作业，而受戒活动本身是身作业。“口业亦如是”的意思是：口业从形相特征上也可分成两种，即口作业及口无作业。二者的具体解释如前身业，恕不赘言。

“意业当知思”的意思是：意业的自性特征只有一种，即是思。有的人想将意业说成是无作，这是不对的。因为，意业与“作”、“无作”的性质完全不同。它不是有形之物，不能像身体那样将其造作活动直接表露出来，发挥作用。身体、语言能直接表露其活动，所以有“作”的性质。因“作”有潜在力量，所以又有“无作”的性质。意业不然，它不能直接表露其活动作用，所以没有“作”的性质。因为没有“作”的性质，也就没有“无作”的性质。因此，把意业解释为无作的看法是不对的。所谓无作，我们又可称之为不乐，称之为离，称之为舍，称之为不作。因为不作这个名字，我们才称之为无作。但，如果望文生义，认为无作不是业，那也是不对的。为什么呢？因为无作也有自身的活动作用，我们认为，如果善法不作恶业，不善法不作善业，这种“不作”其实也是“作”，只不过是一种特殊的“作”而已。比如说七觉支中的舍觉支，它并不是舍弃佛教的修行，只是舍弃障碍佛道的世俗事物，所以才叫舍。无作也是如此，它并不是真的不造诸业，本身也是一种业行活动。

此外，无作由于以作业为原因，是作业的结果，所以，依因说果，无作也是业的一种。佛世尊就是这样解释无作业的。有形体的事物称“作色”，“无作色”本身不是色，没有形体，但因为它所依据的是有形的作色，所以，无作色也叫色。无作业也是如此，它本身本质上不是业，但所依据的是业，所以无作业也是业。以上我们解释了五种业，此五业从其他角度观察仍有种种的差别和不同，现在我们对此进行解释。

作当知三种，善不善无记，

意业亦如是，余不说无记。

“作当知三种，善不善无记”的意思是：身作业和口作业从善恶性质上可分三种，即善业、不善业、无记业。所谓善业，指以清净之心进行身体、语言等造作活动，比如授戒等。所谓不善业，指以不善的恶心进行身体、语言等造作活动，如杀生。所谓无记业，指以不记善恶的无记心所进行的身体、语言等造作活动。

“意业亦如是”的意思是：意业也分成善、不善、无记三种，与善心相应是善业，与不善心相应是不善业，与无记心相应是无记业。“余不说无记”的意思是：身无作业和口无作业从善恶性质上分成两种，即善业和不善业，没有无记业。为什么没有无记业呢？因为此时的无记心非常微弱，所以没有与无记心相应的无记业。……

4　使品第四

原典

已广说业，彼业伴烦恼受种种生，非离烦恼。烦恼今当说。

一切有根本，业侣生百苦，

谓彼有七使，牟尼说当思。

谓欲有、色有、无色有①，此有贪欲等七使②为种，以烦恼故业，业故受生。彼烦恼业伴生百苦，不离于业。……如此七使为九十八，今当说。

界行种分别，说有九十八，

十种修道灭，余则见道断。

此七使界③、行④、种⑤分别为九十八使。彼七使中，贪欲使⑥于九十八使中，以种分别为五，恚使⑦亦如是。有爱使⑧界、种分别为十。

慢使[9]界、种分别为十五，无明使[10]亦如是。见使[11]行分别为五，行、种分别为十二，界、行、种分别为三十六。疑使[12]界、种分别为十二。是为七使分别为九十八。

问：此九十八使，几见断？几修断？

答："十种修道灭，余则见道断"。爱、慢、无明界分别为九，瞋恚为十。余八十八使见道断。

彼于谛暂见则断，故曰见道。若数习道而断，故曰修道。若见道所断，是说见断。若修道所断，是说修断。……已说使对治[13]差别，谓种差别今当说。

使有二十八，是障于见苦，

彼当见苦时，永尽无有余。

见断八十八使中，二十八障见苦故，见苦断。断义此品后当说。

见集断十九，当知灭亦然，

增三见道断，十说修道灭。

见集断十九使，障见集故，见集断。"当知灭亦然"者，见灭断十九使亦如是。

"增三见道断"者，二十二使见道断。"十说修道灭"者，十使修道断，如前说。已说使种差别，界差别今当说。

第一烦恼种，在欲当知十，

二种种有七，余八见道断。

"第一烦恼种，在欲当知十"者，如前说，初见苦断烦恼种，彼十使欲界系。"二种种有七"者，见集、见灭断各七使欲界系。"余八见道断"者，见道断八使欲界系。

欲界应当知，四是修道断，

谓余上二界，当知同可得。

"欲界应当知，四是修道断"者，若修道断烦恼，四是欲界系。如是说欲界三十六使。"谓余上二界"者，余六十二使在色、无色界。

问：几色界系？几无色界系？

答："当知同可得"。彼三十一使色界系，三十一使无色界系。已说界种差别，使自相今当说。

所谓有身见，受边见邪见，

二取应当知，是五说名见。

诸行从缘起，而无知乱心[14]，愚夫于五受阴若自若共起我、我所[15]，审尔计着，是名有身见[16]。于诸行受断常，审尔计着，是名受边见[17]。无施等审尔计着，是名邪见[18]。

于有漏法受第一审尔计着，取见等除等故，是名取见见[19]。于有漏行受净等审尔计着，取戒等除等故，是名取戒见[20]。此五烦恼决断故说见。此一邪见邪决断故，以行差别故说五见。

贪欲疑瞋恚，慢痴说非见，

境界差别转，建立种种名。

“贪欲疑瞋恚，慢痴说非见”者，于彼境界乐著名贪欲。于谛或名为疑。众生非众生数忿怒名瞋恚。嫉姓色力富势伎术等方他卑等上起意自高名为慢。于谛愚名为痴。此五烦恼非慧性故，非见。是为十使。“境界差别转，建立种种名”者，此十使境界差别转故，建立种种名。此诸使若障见苦，说见苦断。如是障见集、灭、道，说见道断。……

注释

① **欲有、色有、无色有：** 总称三有，即三界之异名。欲界、色界、无色界中有业报存在，故称三有。

② **七使：** 使是烦恼之异名。七使即七种主要烦恼。名目见于下文。《俱舍论》作六使，将“有爱”使归入贪欲使之中。

③ **界：** 指欲界、色界、无色界三界。

④ **行：** 原指身口意的造作活动。此处意为行相，指各种烦恼自身所具的行相特征。即下文所解释的“使自相”。

⑤ **种**：谓种类，此处指烦恼的种类，有五种，即见苦断烦恼、见集断烦恼、见灭断烦恼、见道断烦恼和修所断烦恼。

⑥ **贪欲使**：七使之一，指对三界中欲界声色的贪爱。这种烦恼只在欲界，行相也只有一种，只能从种类上予以区分，故正文说“以种分别为五”。

⑦ **恚使**：七使之一，即瞋恚。与贪欲使同，只能在种类上分别为五。

⑧ **有爱使**：七使之一，指对三界之中色界和无色界的贪爱。以种分别为五，即见苦、见集、见灭、见道和修道所断五类。配以色、无色二界，故总数为十。

⑨ **慢使**：七使之一，即憍慢。自相（行）唯一，以种分别为五，配以三界，故总数为十五。

⑩ **无明使**：七使之一，无明即愚痴，不知佛教四谛之理，与慢使同，以种界分别为十五。

⑪ **见使**：七使之一，指错误的认识。以自相（行）区分为五，即下文所说的有身见、受边见、邪见、取见见、取戒见。再以种分别，五见皆属见苦所断；邪见、取见见即属见集断，又属见道断；邪见、取见见、取戒见又属见道断。五加二加二加三数十二，故以行与种区别，见使共有十二种，再配以三界，故总数为三十六。

⑫ **疑使**：七使之一，即对佛教四谛犹豫怀疑。自

相（行）唯一，非修道所断，故以种分别为四，即见苦所断疑、见集所断疑、见灭所断疑、见道所断疑。配以三界，故总数十二。

⑬ **对治**：对谓对应，治谓断除。指以修习断除相应的烦恼。

⑭ **乱心**：与定心相对，指精神不能集中的状态。

⑮ **我、我所**：众生之自体曰我，我所有之物为我所，是佛教所反对的看法之一。

⑯ **有身见**：五见之一，即众生以自身为有实我，有实我所的认识。佛教认为是错误认识之一。

⑰ **受边见**：又名边见，五见之一。指众生认为事物为常为断等的错误的偏执认识。

⑱ **邪见**：五见之一，指错误认识佛教因果报应思想的认识。

⑲ **取见见**：又名见取见，五见之一，指将错误认识理解为正确认识。

⑳ **取戒见**：又译戒禁取、戒取见、戒盗见等，五见之一，指将错误的戒律当作正确戒律。

译文

前文已详细解释了业，应当知道，业能招引果报，使众生轮回于五道之中，获得各种各样的生死形式。当业力感招生死轮回果报之时，一定有烦恼相伴而起，而不能离开烦恼。那么，烦恼是什么呢？下面我们予以说明。

一切有根本，业侣生百苦，

谓彼有七使，牟尼说当思。

“一切有”指欲界、色界、无色界等三界中存在的一切万物。此一切万物以贪欲、恚、有爱、慢、无明、见、疑等七使为种子，“使”就是烦恼，由于有烦恼而造作诸业，由于有业一切万物才能产生。所以，人间的一切苦难，都是烦恼与业相伴而产生，烦恼离不开业，业也不离烦恼。……上述七使详细分别可成九十八种，称九十八使。现在我们对九十八使予以解释。

界行种分别，说有九十八，

十种修道灭，余则见道断。

所谓“界”，指欲、色、无色三界。所谓“行”，指七使自身的行相特征。所谓“种”，指七使的种类，分成见苦断、见集断、见灭断、见道断和修所断五种。上述七使从界、行、种三个方面进行区别，成九十八使。具体而言，七使之中，贪欲使仅在欲界之中，只有贪一种行相，所以无“界”与“行”的差别，只能从种类上分成五种。恚使也是如此，只能从种类上分成五种。有爱使只有一种行相，但存在于色、无色二界之中，所以，从界、种两个方面分成十种。

慢使也只有一种行相，但有三界之分、五种之别，所以从界、种两方面分成十五种。无明使也是如此，从界、种两方面分成十五种。见使有五种行相，称为五见。此五见从行、种两方面区分，成十二种；若再配以三界，从界、行、种三个方面区分，则成三十六种。疑使只有一种行相，不属修所断，有三界之别，所以从界、种两方面分成十二种。这样，七使从界、行、种三方面进行区分，总数为九十八。

问：此九十八使中，有多少是见道修行过程中断灭的，有多少是修道的修行过程中断灭的呢？

答："十种修道灭，余则见道断"。此九十八使中，有十种是要在修道过程中断灭的，它们是三界之中的贪爱、慢、无明等九种和瞋恚。此外的八十八使则要在见道的修行过程中断灭。

什么是见道呢？在修行过程中，如果刚刚认识佛教真理时便有相应的烦恼得到断除，此时的修行阶段叫见道。什么是修道呢？认识佛教真理之后，还需多次修行佛教的解脱之道，才能断除有关的烦恼，此时的修行阶段名叫修道。与此相关，在见道修行时所断的烦恼，称见断；在修道过程中所断的烦恼，称修断。见道是见断烦恼的对治方法，修道是修断烦恼的对治方法。对治的问题说完了，下面我们谈烦恼即使的种类区别。

使有二十八，是障于见苦，

彼当见苦时，永尽无有余。

在见道修行过程所断的八十八使中，有二十八种能妨碍修行者认识佛教的苦谛真理，所以，当修行者认识了佛教苦谛真理时，这二十八种使即告断除。因此，这二十八种使称为见苦断烦恼。

见集断十九，当知灭亦然，

增三见道断，十说修道灭。

修行者如果认识了佛教的集谛真理，能断除见道八十八使中的十九种，因为它们能障碍集谛真理的显扬发挥，所以称为见集断烦恼。“当知灭亦然”的意思是：同见集断烦恼一样，见灭断烦恼也有十九种，修行者只要认识佛教的灭谛真理就能断除，所以称为见灭断烦恼。

“增三见道断”的意思是：有二十二种烦恼要靠认识佛教道谛真理才能断除，所以称为见道断烦恼。“十说修道灭”的意思是：有十种烦恼要在修道的修行过程中断除，十种烦恼的内容如上已述，不再赘言。至此，我们解释了烦恼的种类区别，现在对烦恼在三界中的差别进行解释。

第一烦恼种，在欲当知十，

二种种有七，余八见道断。

“第一烦恼种”，指的是见苦断烦恼。所谓“第一烦恼种，在欲当知十”的意思是：在二十八种见苦断烦恼中，有十种是依附于欲界而存在的。“二种种有七”的意思是：在十九种见集断烦恼、十九种见灭断烦恼中，各有七种依附于欲界而存在。“余八见道断”的意思是：在二十二种见道断烦恼中，有八种依附于欲界存在。

欲界应当知，四是修道断，

谓余上二界，当知同可得。

“欲界应当知，四是修道断”的意思是：在修道断的十种烦恼中，有四种依附于欲界存在。如上所说，欲界共有烦恼三十六种，称欲界三十六使。“谓余上二界”的意思是：九十八使中的其他六十二种存在于色、无色二界之中。

问：此六十二使多少在色界中，多少在无色界中？

答：“当知同可得”。两者的数目完全相等，三十一种存在于色界之中，三十一种存在于无色界中，九十八使在三界中的差别说完了，接下来我们解释诸使的行相差别。

所谓有身见，受边见邪见，

二取应当知，是五说名见。

在七使之中，贪欲、恚、有爱、慢、无明、疑等六使只有一种行相，不再分别。见使则可分成有身见、受边见、邪见、取见见、取戒见五种。我们知道，一切事物现象都是从各种因缘中产生的，没有独立自在的自我本体。但众生无知，思惟混乱，经常将色、受、想、行、识五阴因缘和合而成的自身及其他众生看成是有自我本体之物，并认为世界中有属于自我的事物，这种错误的审思计度，我们称作有身见。众生对一切事物现象又经常持两种看法，或者以之为常，或者以之为断，认为是非此即彼，不能符合佛教的中道。这种走极端的错误认识，就是受边见。反对布施、持戒等佛教的教义和修行方法，名叫邪见。

将有烦恼的有漏法看作是世间最真实的事物，这种错误的审思计度名叫取见见。将有烦恼的有漏活动看作是清净的行动，并以之为戒律，坚持不放，这种错误的审思计度名叫取戒见。上述五种烦恼是认识活动中判断错误造成的结果，所以总称为见。从根本上说，五见都是邪见，是违背佛教真理的不正确的认识，但由于它们的行相特性有所不同，所以才一分为五，称为五见。

贪欲疑瞋恚，慢痴说非见，

境界差别转，建立种种名。

所谓“贪欲疑瞋恚，慢痴说非见”的意思是：众生对外界事物贪着追求，有喜乐之心，名叫贪欲。对佛教四谛之理怀疑犹豫，名叫疑。对于其他众生或非众生的自然事物怀恨在心，忿怒嫉恨，名叫瞋恚。认为自己的种姓、仪容、财富、权势、技术等比别人优越高超，扬扬自得，名叫慢。不能认识四谛真理，愚惑无知，名叫痴。痴即无明。上述五种烦恼与认识能力无关，称作非见。五见与五非见合为十使。“境界差别转，建立种种名”的意思是：上述十使随境界的不同，又能分别成各种各样的名称。比如，若它们能障碍苦谛的认识，称作见苦断；若能障碍集谛、灭谛、道谛的认识，则分别称作见集断、见灭断、见道断，如此等等。……

原典

问：诸烦恼种云何起？

答：无知故犹豫，犹豫故邪见，

因此邪见故，转生诸身见。

初以无知故，苦不欲乃至道不欲，是名无明。无明故，犹豫苦非苦耶？乃至道非道耶？是无明转生疑。疑故求决定，若得正方便生正决定，则有苦集灭道；若邪方便生邪决定，则无苦集灭道，是疑转生邪见。若此非苦者则是我，是邪见转生身见。

从是起边见，戒取戒想取，

于彼决定已，次第生见取。

彼于我见变坏便见断，若见相似相续便见常，是身见转生边见。若见一边净，是边见转生戒取。若净者是为第一，是戒取转生见取。

自见则起欲，他见则起恚，

自见举名慢，从使转生缠。

彼自见生染，他见起恚，自见举慢，是从见起贪、恚、慢。从使生上烦恼缠[①]。

问：何者是？

答：无惭与无愧，睡悔悭嫉掉，

眠忿及与覆，是上烦恼缠。

十缠，所谓无惭、无愧、睡、悔、悭、嫉、掉、眠、忿、覆。此相《行品》已说，谓此是使依。

问：何缠何使依？

答：无愧睡与眠，此三无明依。

掉悭及无惭，是从贪欲生。

“无愧睡与眠，此三无明依”者，无愧、睡、眠当知无明依。……“掉悭及无惭，是从贪欲生”者，掉、悭、无惭缠是贪欲依。……

覆缠二使依，悔则因犹豫，

忿嫉瞋恚依，明智之所说。

“覆缠二使依”者，或说覆缠是爱依，以爱力故覆藏；有说是无明依，以无知力故覆藏。“悔则因犹豫”者，悔缠是疑依。“忿嫉瞋恚依，明智之所说”者，忿缠、嫉缠是瞋恚依。

问：此烦恼垢[②]有六，何依？

答：所谓烦恼垢，害恨瞋恚依，

诳高依贪欲，是义应当知。

“所谓烦恼垢，害恨瞋恚依”者，害及恨是瞋恚依。“诳高依贪欲，是义应当知”者，诳、高垢是贪欲依。

所谓五邪见，谄依由是生。

说依见取果，是恼应当知。

“所谓五邪见，谄依由是生”者，五见起谄依，健疾故。“说依见取果，是恼应当知”者，恼垢是见取依。……

问：诸烦恼云何断？

答：谓彼缘中觉，及说彼缘断，

亦说得对治，又复彼缘灭。

四事断烦恼，谓知缘、缘断、得对治、彼缘灭。知缘者，见苦见集，断自界缘及无漏缘。缘断者，见灭见道，断有漏缘。得对治者，修道断。彼缘灭者，他界缘。

复次，五事断烦恼，谓因永灭、得断、转依、知缘、得对治。……

注释

①**烦恼缠**：缠谓缠缚，是烦恼的异名，指依七使为根本的烦恼。

②**烦恼垢**：垢谓污垢，烦恼之异名，因能垢心性，故名垢。烦恼垢也是依于七使而存在的烦恼。与缠的区别是：缠急缚七使，垢轻缚七使。

译文

问：上述诸种烦恼，以何为种子而生起呢？

答：无知故犹豫，犹豫故邪见，

因此邪见故，转生诸身见。

一切烦恼，最初皆以无知为根源。由于无知，众生不能接受佛教的苦谛之理，乃至不能接受集谛、灭谛、道谛之理，这就是所谓的无明。由于有了无明，众生心中便有所犹豫，怀疑佛教苦谛所说的不是苦，乃至怀疑道谛所讲的不是修行解脱之道，这样便由无明产生了疑。有了怀疑，众生便开始探索绝对的认识。此时，如果众生得到了佛教的正确的认识方法，就能进行正确的判断，同意佛教所讲的苦集灭道四谛；相反，如果他得到了错误的认识方法，便会进行错误的判断，从而否认佛教的苦集灭道四谛。这样便由疑产生了邪见。有了邪见之后，如果进一步认为万物非苦，认为自己是有我的真实存在，便是由邪见产生了有身见。

从是起边见，戒取戒想取，

于彼决定已，次第生见取。

有了身见之后，众生如果对身见中的自我看到了它变坏无常的特征，便会执取断的认识；相反，如果他看到了自我相似相续、流转无穷的特征，便会执取常的认识。这样便由有身见产生了受边见。有了常断二边的受边见之后，众生如果认为其中的一种是清净的真知，便由受边见产生了取戒见。如果再将这种错误认识进一步发展，认为它是至高无上的绝对真理，便是由取戒见产生了取见见。

自见则起欲，他见则起恚，

自见举名慢，从使转生缠。

除上述烦恼之外，贪欲、恚、慢三种烦恼都是从见而产生的。由于自己获得了见，众生心中产生了贪欲；由于别人获得了见，众生心中产生了瞋恚；而认为自己比别人有优越的见识，则使众生产生了慢。以上解释了十种烦恼生起的根源。然而，除上述所讲的十种烦恼之外，还有一些烦恼要缠绕于上述十种烦恼生起，对这些烦恼，我们称作“上烦恼缠”。

问：什么是上烦恼缠？

答：无惭与无愧，睡悔悭嫉掉，

眠忿及与覆，是上烦恼缠。

上烦恼缠简称为缠，共有十种，称十缠，即无惭、无愧、睡、悔、悭、嫉、掉、眠、忿、覆。此十种烦恼的含义我们已在《行品》中讲过，这里不再解释。但应当知道，十缠是依于上述诸使（烦恼）产生的。

问：十缠之中，何缠依于何使而生？

答：无愧睡与眠，此三无明依。

掉悭及无惭，是从贪欲生。

“无愧睡与眠，此三无明依”的意思是：无愧、睡、眠三种烦恼缠是依于无明而产生的。……“掉悭及无惭，是从贪欲生”的意思是：掉、悭、无惭三种烦恼缠是依于贪欲而产生的。……

覆缠二使依，悔则因犹豫，

忿嫉瞋恚依，明智之所说。

“覆缠二使依”的意思是：有人认为覆是依于爱而产生的，那是因为众生爱惜自身名誉才隐藏其过错和恶行；有人则认为覆是依于无明才产生的，他们认为众生因愚昧无知而隐藏自己的过错和恶行。“悔则因犹豫”的意思是：十缠中的悔是依于疑而产生的。“忿嫉瞋恚依，明智之所说”的意思是：十缠中的忿和嫉是依于瞋恚而产生的。

问：除上述所说的十使、十缠等外，还有六种烦恼，称作烦恼垢。六种烦恼垢分别是依于哪种烦恼而产生的呢？

答：所谓烦恼垢，害恨瞋恚依，

诳高依贪欲，是义应当知。

“所谓烦恼垢，害恨瞋恚依”的意思是：在六种烦恼垢中，害与恨是依于瞋恚而产生的。“诳高依贪欲，是义应当知”的意思是：六烦恼垢中，诳与高是依于贪欲而产生的。

所谓五邪见，谄依由是生。

说依见取果，是恼应当知。

“所谓五邪见，谄依由是生”的意思是：五见是六烦恼垢中谄所依据的烦恼，因为谄在五见之中势力强健，行动迅捷。“说依见取果，是恼应当知”的意思是：依于取见见所产生的，是六烦恼垢中的恼。……

问：一切烦恼，怎样才能断除呢？

答：谓彼缘中觉，及说彼缘断，

亦说得对治，又复彼缘灭。

一切烦恼可以在四种情况下断除，即知缘、缘断、得对治和彼缘灭。所谓知缘，指的是通过认识佛教四谛中的苦谛和集谛，从而断除烦恼在自身界地中的有漏条件和一切无漏条件。所谓缘断，指的是通过认识四谛中的灭谛和道谛，从而断除烦恼生起的条件。所谓得对治，指的是在修道过程中断除烦恼生起的条件。所谓彼缘灭，指的是断除其他界地中烦恼生起的条件。

此外，在下列五种情况下，烦恼也可以断除。其一是因永灭，即烦恼生起的原因被永远灭除，不再生起；其二是得断，与缘断所指相同；其三是转依，指烦恼依存的形体发生转变，原有的烦恼不再存在，转变成新的烦恼；其四是知缘；其五是得对治，二者的含义如上文所讲。……

5 贤圣品第五

原典

已说诸烦恼，修行今当说。

初则名始业，次则已习行，

思惟已度者，当知第三种。

三种修行，谓始业、已习行、思惟已度。始业者，不净转，未曾得境界意解思惟分。已习行者，受自相念处[①]转，未曾得决定分善根。此上当知思惟已度，以此上一乘道故。

复次，不净观亦三种修行，谓从足指起乃至顶，除去皮血肉意解思惟，是名始业。于此骨锁不作想生周遍大地，又观骨锁不作想，彼骨锁展转相对，大风飘抟，消为雪聚，是名已习行。略观骨锁还至自身，于其所缘清净寂静唯观一色，是名思惟已度。如是乃至略境界，当知善根渐增。……

始于自身分，系缚心令定，

欲缚于识足，为尽智慧怨。

始者，先也。自身分者，自身中一处也，若眉间鼻端及足指。系缚者，安立缘中令不散。何所安立？谓自心定力，故起智慧。

问：何故？

答：“欲缚于识足”。心流转不住故缚一缘中，一心故知真实不乱。

问：何故缚一缘中？

答：“为尽智慧怨”。智慧怨者，谓诸烦恼彼应断。虽观他身，如观死尸。契经[②]说，以彼远因故，此说近因观。

又随顺一切度门[③]故，谓观白骨身分随顺三度门，观死尸唯随顺一不净度门。三度门者，谓不净观、安般念、界方便观。彼贪欲者以不净观度，觉观者以安般念度，见行者以界方便观度，如师所授随乐修行。不净观、安般念《契经品》当广说，界方便观今当说。

此以愚夫不正思惟障蔽慧眼，不观真实缘起之法，宿业烦恼种无量法，积聚五阴，起积聚想，以愚惑故，于缘起所作中计我作等诸邪见缚。或时修行近善知识[④]，得闻正法，起正思惟已，能于自身界方便观此身种种自性[⑤]，种种业，种种相。谓地等六界[⑥]，彼地界为水界润故不相离，水界为地界持故不流散，火界成熟故不淤坏，风界动摇故得增长，空界空故食等入出，识界合故有所造作。

又观此身从足至顶种种不净，秽恶充满；观察此色犹如猛风飘散积沙；于无色法先后相续异分观察。如是观者，得空解脱门[⑦]种子。于彼生死厌离不乐，得无愿解脱门[⑧]种子。于生死不乐已，正向涅槃[⑨]，得无相解脱门[⑩]种子。若于此得不作想觉已，观一切有为皆悉散坏，是名界方便满。

注释

① **念处**：梵文 Smṛtyapastāna 的意译。念谓能观之智，处为所观之境，以智慧观察境界称为念处。一般分成身受心法四种，称四念处。见下文。

② **契经**：梵文 Sūtra 的意译，音译“苏怛罗”、“苏多罗”、“素呾缆”、“修多罗”、“修妒路”等。指佛教三藏经典中的经藏。译作“契经”有二义：一契于法理，二合于人机。

③ **度门**：即解脱法门。

④ **善知识**：指善于知人、能引导人走佛法正道的人。

⑤ **自性**：事物自身所有的特性称自性。

⑥ **六界**：又作“六大”。即下文所说的地水火风空识六法。此六法各具自性，分界不同所以称六界。

⑦ **空解脱门**：与无愿解脱门、无相解脱门合称三解脱门。一切法皆由因缘和合而生，自性本空。如是观察能使人进入涅槃解脱之门，所以称空解脱门。

⑧ **无愿解脱门**：又译“无作解脱门”。三解脱门之一。三解脱门又作“三三昧”。于一切生死法中离追求造作之愿，能引导修行者入涅槃解脱之门，称无愿解脱门。

⑨ **涅槃**：梵文 Nirvāṇa 的音译，又译“泥曰”、“泥洹”等，意译“灭”、“灭度”、“寂灭”、“无为”等。是佛教修行所要达到的最高理想，一般指断除生死轮回所达到的一种精神状态。但有关涅槃的解释大小乘的差别很大。小乘佛教以“灰身灭智、捐形绝虑”为涅槃。大乘说法很多，但一般均解释为实相法，如“中观”以空性实相为涅槃，《涅槃经》则以常乐我净为涅槃实相。涅槃的种类很多，一般分作有余依涅槃和无余依涅槃两种，前者指修行者的精神已入涅槃境界，但仍保留有精神所依之肉身；后者指生死因果都尽，舍弃肉身，不再受生轮回。

⑩ **无相解脱门**：又称“无相三昧”。三解脱门之一。观察一切诸法本自无相，能导修行者入涅槃解脱之门，称无相解脱门。

译文

解释完烦恼之后，下面所要讲的是佛教的修行问题。

> 初则名始业，次则已习行，
>
> 思惟已度者，当知第三种。

从进度而言，佛教的修行可分作三种，一是始业，二是已习行，三是思惟已度。所谓始业，指的是初入佛教的修行道次。此时的修行是以不净之心而运作的，对于外界事物尚不能正确思惟，对于佛教真理尚不能正确理解。所谓已习行，指已进入佛教的修行道次之中，但却局限于固定的修行方法及阶段之内，不能融会贯通，不能获得绝对彻底的功德善根。在此之上的修行是思惟已度，到了这一修行阶段，是佛教唯一不二、至高无上的修行之道。

佛教中有一种修行方法名叫不净观，此不净观也可从修行进度方面分成始业、已习行、思惟已度三种。修行者观察自身，从脚趾开始，直到头顶，在观察过程中想象皮肤血肉淋漓脱落，唯剩白骨，此时的修行就是始业，指开始步入不净观的修行。在此之上继续修习，想象自身的骨架亦复不存，四处脱落，遍布大地，互相分离，又遇狂飙骤起，随风起落，互相撞击，碎作粉尘，覆盖于大地之上，犹如白雪纷扬，积落于地，此时的修行就是已习行。此后想象骨粉还原为骨胳，骨胳又回到各自的位置，结成骨架，并认识到自己所观察的对象本质上是物质性的色法而已，此时的修行就是思惟已度，它已达到不净观的最高境界。应当知道，如按照这样的方法进行修习，观察外界事物，修行者的善根就会逐渐增长。……

始于自身分，系缚心令定，

欲缚于识足，为尽智慧怨。

始的含义是先，自身分指自身中的一处，或眉间，或鼻端，或脚趾皆是。系缚指心安立一对象之上，专一不乱。综上而言，不净观的修行首先就是要让精神专注于身体的一处之上，使精神不能散乱。那么，精神为什么要专注一处呢？这是为了智慧的生起，只有心注一处的禅定之力，才能造就智慧的产生。

问：为什么只有心注一处才有智慧产生呢？

答：“欲缚于识足”。众生之心流转不息，所以要专注于某一事物之上，使其一心不乱；只有一心不乱，才能获得正确的认识，对外物给予如实的把握和理解。

问：众生之心为什么要专注于某一事物之上呢？

答：“为尽智慧怨”。所谓智慧怨指的就是智慧所应断除的烦恼，它是智慧的怨敌，所以称作智慧怨。心注一处的目的，就是要以智慧除尽烦恼。在不净观中，修行者以观察自身为主，观察他人之身亦无不可，但却与观察死尸相似，修行的功效不大。佛经曾说过，观察他人之身只是修行的远因，观察自身则是近因。修行当就近舍远，所以，不净观的修行当以观察自身为主。

此外，观察自身的作用在于它能导向一切解脱之门。解脱之门有三种，即不净观、安般念、界方便观。观察自身的白骨能导向上述三种解脱之门，而观察死尸包括他人之身，则只能导向不净观一种解脱法门。在三种解脱法门中，贪欲垢重的人应以不净观解度，念头垢重的人应以安般念解度，见识与行为皆垢重的人应以界方便观解度。以上是从道理上讲，但事实上则不尽然，修行者完全可以遵从导师的教诲，根据自己的个人爱好有选择地进行修习。对于不净观和安般念，我们将在后文《契经品》中进行解释，现在则需要对界方便观予以说明，因为以下所介绍的修行次第基本上属于界方便观的内容。

什么是界方便观呢？众生愚昧无知，思惟舛错，因而阻碍了智慧的生起。他们看不到一切万物都是因缘和合的产物，因而为宿业役使，身心恼乱，种下了无数的烦恼种子，而此无数的烦恼同类相聚，结成色、受、想、行、识五阴。众生因为愚昧的缘故，执取五阴积聚的表面特征，从而将此因缘和合所成的五阴当作实有之物，认为在它们之中存在着自身的自在本体。这就违背了佛教真理，陷于邪见的系缚之中。然而，由于机缘巧合，有些众生有时能幸运地遇上佛法导师，从而进行佛法修习。他们听到了佛教大法，采用了正确的思惟方式，能对自身进行各种方式的观察，认识到了自身所有的各种自性、各种业力、各种形相特征。他们认识到了自身中的地水火风空识六界，认识到地界被水界湿润的缘故，自己的形体结合在一起不相离散；水界依持于地界的缘故，自身中的液体不会流失；火界能成熟万物的缘故，自己的形体不湿不坏；风界能摇动万物的缘故，自身能够不断生长；空界有空间的缘故，能使饮食等物于自身出入；识界要与外境结合的缘故，所以自己有意识的造作活动。

他们又观察自身，看到从脚到头的自身中有种种不净，污秽充盈；又看到自己的色身纷扬四散，犹如狂风吹起沙尘；又看到自身中的精神现象种类不同，前后相续。这样的观察，使他们获得了空解脱门的种子。如果又厌恶生死轮回，他们又获得了无愿解脱门的种子。厌恶生死轮回，趋向涅槃解脱，便获得了无相解脱门的种子。获得无相解脱门种子之后，心中没有获得的想法，这样便认识到了一切有为法都是坏散之物。至此，界方便观便修行圆满。

原典

问：如是观已复云何？

答：是方便于身，真实相决定，

诸受及自心，法亦如是观。

彼修行者不净观、安般念、界方便观一一住已，身受心法各观真实。

真实者，不颠倒。相者二种，谓自相及共相[①]。色相是身自相，四种及所造。随觉相是受自相。识相是心自相。法念处有种种法，种种各异相，随知是想相，为作是思相，如是比。共相后当说。……

问：何故说四念处耶？

答：四倒[②]四念[③]四识住[④]及阴[⑤]，以四种修所治故，说四种随修法。彼治不净净想颠倒故，说身念处。治苦乐想颠倒故，说受念处。治无常常想颠倒故，说心念处。治无我我想颠倒故，说法念处。如是余种随所应说。……

法念处二种，坏缘[⑥]、不坏缘[⑦]。若慧缘色是身念处，若缘受是受念处，若缘心是心念处，若缘想、行及无为是不坏缘法念处。余今当说。

入法中总观，得法真实相，

此四是无常，空无我非乐。

“入法中总观，得法真实相”者，修行者入不坏缘法念处，修一一念处，遍观一切法自相共相已，入坏缘法念处。色受缘念处、色想缘、色行缘、色识缘，如是三四五阴缘，是法念处，成一切身受心法念处，一觉总观度。此云何？“此四是无常，空无我非乐”。以无常等行总观一切有漏法，彼念念灭故无常，离常等故空，不自在故无我，实逼迫故苦。

从是名为暖，于法觉而生，

十六行等起，观察四圣谛。

“从是名为暖，于法觉而生”者，彼修行者于坏缘法念处次第生善根名为暖。……彼暖法行[⑧]苦谛等十六行[⑨]，彼苦圣谛四行，乃至道圣谛四行。……暖者生圣智[⑩]火故，暖为种故，说暖法。

是法增长已，生顶及于忍，

得世第一法，依于一刹那。

“是法增长已，生顶及于忍”者，修行者正方便[⑪]、正忆念[⑫]增长，得随顺善业众具故，暖法得增长，次生善根名为顶，缘四圣谛行十六行。……顶法者，在暖上故曰顶，劣于忍名为下。……彼修行者，于此正方便成就顶善根，增进生谛顺忍，缘四谛行十六行。……忍者于四圣谛堪忍欲乐。暖顶亦堪忍者不然，忍不退故，违恶趣[13]故，近圣道故，是故说谛顺忍，非暖顶。

问：忍增长生何善根？

答："得世第一法，依于一刹那"。谓增上忍次第缘生凡夫所得最胜善根，名世间第一法。此亦五阴性。彼有漏故名世间，胜暖等故说第一。此亦凡夫所修最上功德[14]，一刹那不住故，似见道故，暖顶忍相续故。有说彼慧修一切总观法念处，次第生决定分世间行善根，彼建立九品，彼软软、软中、软上名暖法，中软、中中名顶法，中上、上软、上中名忍法，上上名世间第一法。

若观阴无常等善根名暖法，观三宝功德名顶法，观察圣谛名忍法，观苦圣谛次第圣道名世间第一法。彼得暖法已，若退舍[15]，若命终舍[16]，若度界地舍[17]，亦起无间业[18]断善根生恶趣中，缘此福故要得涅槃。顶法退亦如是，唯除断善根。忍则不退，有命终舍及度界地舍，不作无间业，不断善根，不堕恶趣，以忍大力故。如狮子王群兽远避，忍力如是。……

注释

①**共相：**指诸法共同具有的性质特征。如苦空无

常无我是一切法共相。

② **四倒**：四颠倒之简称，指四种以对为错，以错为对的错误认识。有二种，一种称为凡夫四倒，指以无常无乐无我无净的生死法为常乐我净的实有法。另一种称二乘四颠，指将涅槃的常乐我净视为无常无乐无我无净。此处指凡夫四倒。

③ **四念**：指众生因色、受、想、行等诸法而产生身、受、心、法等念。是四种错误的忆念。

④ **四识住**：即色识住、受识住、想识住、行识住。色受想行四蕴为识安住之处，称四识住。

⑤ **阴**：即五阴，色受想行识。此处应指前四阴。

⑥ **坏缘**：又译“不杂缘法念处”。四念处以身、受、心、法为观察对象。在法念处中，如仅以法为观察对象，不观察身受心，称为坏缘法念处或不杂缘法念处。

⑦ **不坏缘**：又译“杂缘法念处”。指法念处中遍以身受心法为观察对象。

⑧ **行**：此处指以内心趣于外境而有所观察。

⑨ **十六行**：又作四谛十六行相。苦圣谛有非常、苦、空、非我四行相；集谛有因、集、生、缘四行相；灭圣谛有灭、静、妙、离四行相；道圣谛有道、如、行、出四行相。

⑩ **圣智**：即正智。指远离虚妄分别、正观佛教四

谛真理的智慧。

⑪ **正方便**：又作正精进，佛教八圣道之一。指勤修佛法的正确的手段方法。

⑫ **正忆念**：简称正念，佛教八圣道之一。指正确地记忆佛教四谛真理。

⑬ **恶趣**：又作恶道。众生以恶业为因所往生之处称作恶趣、恶道。一般称三恶道，包括地狱、饿鬼、畜生。

⑭ **功德**：修行善业所得的善报称功德。

⑮ **退舍**：由上地堕落于下地称退。退舍即因堕落下地而舍弃上地之法。

⑯ **命终舍**：指命终往生他处而舍弃原有之法。

⑰ **度界地舍**：界谓三界，地指修行的阶地。度脱到其他界地之中而舍弃原来的界地，是度界地舍。

⑱ **无间业**：梵文 Avici，阿鼻，译作“无间”，是佛教八热地狱之一。众生恶业中有能使人直接堕入无间地狱者，称无间业。无间业有五种，统称五逆罪，指杀父、杀母、杀阿罗汉、出佛身血、破和合僧。

译文

问：界方便观修完之后，应如何继续修行？

答：是方便于身，真实相决定，

诸受及自心，法亦如是观。

修行者修完不净观、安般念、界方便观之后，应当修行四念处，真实观察身、受、心、法的形相特征。

所谓真实，就是不颠倒。相有二种：自身独有的形相特征是自相，与其他事物共同具有的形相特征是共相。身的自相是物质性的色，包括地水火风四大及四大所造之物。受的自相是随觉，即按照事物的本来面目进行感知。心的自相是意识的认识能力。法念处中有多种法，不同的法形相特征互不相同，比如，想的自相是随知，思的自相是造作等等。此处所说的都是自相，共相以后再谈。……

问：为什么要建立四念处呢？

答：因为众生有四种错误认识、四种错误忆念，他们的意识活动要依托于色受想行四阴而产生，称四识住。这一切都需要有各自的修行方法予以对治，所以要建立四念处这四种修行方法。众生自身污秽不净，但却经常被看作是清净之物，为了医治这种错误的颠倒认识，所以要建立身念处。众生的一切感受都是苦楚，但却经常被看作是快乐，为了医治这种错误的颠倒认识，所以要建立受念处。万物无常，但却经常被看作是恒常之物，为了医治这种错误的颠倒认识，所以要建立心念处。众生无我，没有永恒存在的真实本体，但却经常被看作是有我，有真实本体，为了医治这种错误的颠倒认识，所以要建立法念处。……

法念处有两种，一种是坏缘法念处，一种是不坏缘法念处。如果从智慧的角度进行思考，则智慧以物质性的色为认识对象是身念处，以感受为认识对象是受念处，以心为认识对象是心念处，以五阴中的想阴、行阴及没有运动变化的无为法为认识对象是不坏缘法念处。下面解释坏缘法念处。

入法中总观，得法真实相，

此四是无常，空无我非乐。

"入法中总观，得法真实相"的含义是：修行者进入不坏缘法念处之后，对四念处再次一一进行修习，便能对一切万法的自相和共相进行周遍观察，这就进入了坏缘法念处的修行之中。此时，修行者的观察对象不再是单一的，在五阴中不局限于其中任何固定的一种，而是以多种为认识对象，具有综合的观察能力。具体地说，此时的修行者可以综合观察色与受、色与想、色与行、色与识；也可以对五阴中的三种、四种甚至全部五阴进行综合观察，于一念之间将身受心法四念处全部观察完毕。观察的收获是什么呢？那就是"此四是无常，空无我非乐"，也就是认识到了一切身受心法都是无常、苦、空、无我的。至此，修行者认识到，一切有烦恼的事物因为是念念断灭的，所以是无常；因为它远离了恒常，不能永恒存在，所以本质上是空；因为它不能依靠自身而独立存在，所以是无我；因为它逼迫人生，所以是苦。

从是名为暖，于法觉而生，

十六行等起，观察四圣谛。

“从是名为暖，于法觉而生”的含义是：修行者修完坏缘法念处后，有一种善根随之而起，此善根名为暖法……暖法修行的对象是四谛十六行相。四谛即苦集灭道，此四者各有四种行相，其中苦圣谛的四行相是非常、苦、空、非我，集圣谛的四行相是因、集、生、缘，灭圣谛的四行相是灭、静、妙、离，道圣谛的四行相是道、如、行、出。此四谛十六行相是暖法的观察对象。……暖法何以得名呢？因为它能点燃佛教智慧之火，是佛教智慧的种子，所以取名为暖法。

是法增长已，生顶及于忍，

得世第一法，依于一刹那。

“是法增长已，生顶及于忍”的含义是：修行者随着正方便、正忆念等法的不断增长，能获得善行所需的一切工具，从而积德行善，使暖法不断增大加重，到了一定程度，所生的善根便名为顶法。顶法也以四谛十六行相为观察对象。……所以取名为顶法，是因为它位在暖法顶上，但相对于忍法来看，顶法还是较低下的。……修行者进入顶法后，以各种方法不断修习，进一步增进对佛教四谛之理的顺从认识，便名为忍法。忍法也以四谛十六行相为观察对象。……所以取名为忍法，是因为它能忍认、接受佛教四谛，对四谛之理欣然乐受。暖法和顶法虽然也是对佛教四谛的认识，但却与忍法不同，忍法不再从四谛退转，超离了地狱、畜生、饿鬼等一切恶趣，迫近了佛教圣道，所以只有忍法才被看作是忍顺了四谛，暖法和顶法不然。

问：忍法继续增长所生善根叫什么？

答："得世第一法，依于一刹那"。意思是：忍法不断增长，随之所生的善根名叫世第一法，是凡夫所得到的最高的善根。世第一法仍是五阴和合的产物，它有烦恼，所以称为世间法；胜过暖法、顶法、忍法，所以称作第一。世第一法是凡夫修行所能得到的最高功德，它只能在一刹那间存在，是随暖法、顶法、忍法之后而续生的，与贤圣之人所修的见道很相似。有人对暖、顶、忍、世第一法给了另一种解释，认为修行者以一切身受心法四念处为观察对象顺次产生的世间善根可分成九品，其中，软软、软中、软上三品名暖法，中软、中中二品名顶法，中上、上软、上中三品名忍法，上上一品名世间第一法。

还有另一种解释认为，观察五阴无常、苦、空、无我是暖法，观察佛法僧三宝的功德名顶法，观察佛教真理名忍法，顺次观察苦集灭道四谛是世间第一法。修行者获得暖法后，有时会从暖法后退而舍弃暖法，这叫退舍；有时则随寿命的终结而舍弃暖法，这叫命终舍；有时则因修行的增进而度脱到其他界地之中，从而舍弃暖法，这叫度界地舍。但无论是哪一种暖法的舍弃，修行者都可能会因之造作无间恶业，断绝善根，转生到恶趣之中。同时，修行者因为得到了暖法的功德，也能够因之趣向涅槃。顶法也有上述三种舍弃方法，但其善根不会断绝。忍法没有退舍，只有命终舍和度界地舍，不再造作无间恶业，不断善根，不堕恶趣，因为忍法的力量非常宏大。这好比是兽中之王的狮子一样，群兽一见四散奔逃，忍法的力量也是如此，能使一切恶行恶业远离四散。……

原典

问：已说决定分次第起，圣道次第起复云何？

答：*世间第一法，次生苦法忍，*

*忍次生于智，俱观于下苦*①。

“世间第一法，次生苦法忍”者，世间第一法次第生苦法忍，欲界见苦断十使[2]对治，是则初无漏无碍道[3]。复次，世间第一法次第不作不向不行[4]，舍邪业邪趣邪见。邪业者，五无间业[5]。邪趣者，恶趣。邪见者，五见。……“忍次生于智”者，苦法忍次第生苦法智，解脱道[6]自性。

问：此忍、智何缘？

答：“俱观于下苦”。下苦是欲界苦，彼苦俱观。

谓色无色苦，集灭道亦然，

此法无间等，说是十六心[7]。

“谓色无色苦”者，色、无色界苦亦如是，苦比忍[8]无碍道，苦比智[9]解脱道。“集灭道亦然”者，集灭道谛亦以二忍[10]为无碍道，二智[11]为解脱道。

“此法无间等，是说十六心”者，此十六心顷为法无间等[12]，无间等是见义。此十五心顷是见道[13]，最后一心是修道[14]。……略说三地：见地[15]、修地[16]、无学地[17]。于此诸地建立人，如是义今当说。

随法行利根，此在十五意，

随信行钝见，当知亦在中。

“随法行利根，此在十五意”者，见道十五心人若利根[18]说随法行[19]，随法行故说随法行，不从他信故。“随信行钝见，当知亦在中”者，即此十五心人若钝根[20]说随信行[21]，信他得度故。随信行者少观察，随法行者多观察。

随信随法行，若具烦恼缚，

乃至五种断，当知向始果。

此随信、随法行人若具烦恼缚，若一二三四五种断[22]，名向须陀洹果[23]。烦恼上上等分别故立九品。彼若凡夫时未曾断一品名具缚，若断一品名不具缚。……

六断乃至八，是向第二果，

离欲至八地，是则第三向。

“六断乃至八，是向第二果”者，此随信行、随法行者，若已六七八品断，此说向斯陀含果[24]。“离欲至八地，是则第三向”者，此随信行、随法行者若离欲乃至无所有处[25]尽，彼俱向阿那含果[26]。

若至十六心，是名住于果，

软见信解脱，利见名见到。

“若至十六心，是名住于果”者，第十六心名道比智，相应彼起俱说住果[27]，若须陀洹[28]，若斯陀含[29]，若阿那含[30]。

“软见信解脱”者，若软见入见道名随信行，彼住三果时名信解脱[31]。

“利见名见到”者，若利根入见道名随法行，彼住三果时名见到[32]。见到信根胜信解脱，但以慧所勋故说见到。

非事诸烦恼，谓彼一切尽，

乃至未进行，是名须陀洹。

若见道断八十八结[33]尽，乃至未集行，是名住须陀洹果。若方便断上上种，是名向斯陀含果。即此种乃至五品断超升离生，道比智起，名须陀洹，非向斯陀含。以向彼果道，未一念现在前故。……

彼须陀洹修道种未尽，彼极满当知七有[34]，七生人间中阴[35]、生阴[36]及欲界天，此总说七有，不过七故。……不必一切须陀洹满七有也。

若断三四种，成就彼对治，

余二生三生，是说名家家。

三因缘故建立家家[37]，谓烦恼断、成就根及受生。烦恼断者，欲界修道断烦恼三品四品断，无有五品断，名家家。若能断五品者，势力故必断六品成斯陀含。……成就根者，得彼对治无漏诸根。受生者，或更受欲界，余二生三生。若三因缘一一不具，非家家。

有二种家家，若天若人。天家家者，谓欲界天，或受二生三生，或受一天处种类身，或二或三。人家家者，谓人间身，或一天下[38]，或二或三，或一家，或二或三。

问：家家有何义？

答：从家至家而般涅槃[39]故，曰家家。须陀洹胜者名家家。

> 六品断烦恼，见道断一切，
> 是说斯陀含，谓彼未进行。

若欲界修道断上三品、中三品，见道断一切尽，住果未进行，名斯陀含。

问：斯陀含有何义？

答：于此命终生欲界天，一来人间而般涅槃。

> 若七八品断，成就对治根，
> 余则受一生，是名一种子。

若欲界修道断七品八品，及见道断一切尽，得彼对治无漏根[40]，欲界余一生，名一种子[41]。三因缘一一不具非一种子。若天一种子受天一身而般涅槃，人间亦尔。余一生种子，故说一种子。……一种子者，是上斯陀含。

> 九品尽不还，当知有多种，
> 或五及七八，或复说众多。

“九品尽不还”者，见道断一切及欲界修道断九品结尽，当知阿那含。……不还欲界，名阿那含。此亦多种，“或五及七八，或复说众多”，是说阿那含。五种者，谓中般涅槃[42]、生般涅槃[43]、行般涅槃[44]、无行般涅槃[45]、上流般涅槃[46]。七者，中般涅槃有三种[47]，如契经说。四如前说。八者，五种如前说，又现法般涅槃[48]、无色界阿那含[49]及不定人[50]。……

注释

① **下苦**：三界中欲界最低称下。下苦即欲界苦。

② **十使**：即《使品》所说的贪欲、恚、慢、痴（无明）、疑、身见、边见、邪见、取见见、取戒见。

③ **无碍道**：又作无间道。与解脱道合称二道；与加行道、解脱道、胜进道合称四道。开始断除所应断除的烦恼，不为此烦恼所障，能无间隔地进入解脱道，此时的修行称无碍道或无间道。

④ **不作不向不行**：含义基本相同，指不作恶业，不趣向恶道。

⑤ **五无间业**：见前注⑱。

⑥ **解脱道**：初步证得佛教真理，从烦恼中解脱出来，此时的修行道次称解脱道。

⑦ **十六心**：指通过观察苦集灭道四谛真理所得到的十六种智慧。具体名目是：

（一）苦法智忍：断除欲界苦谛之见惑所得的智慧。

（二）苦法智：观察欲界苦谛、印证苦谛之理的智慧。

（三）集法智忍：断除欲界集谛之见惑所得的智慧。

（四）集法智：观察欲界集谛、印证集谛之理的智慧。

（五）灭法智忍：断除欲界灭谛之见惑所得的智慧。

（六）灭法智：观察欲界灭谛、印证灭谛之理的智慧。

（七）道法智忍：断除欲界道谛之见惑所得的智慧。

（八）道法智：观察欲界道谛、印证道谛之理的智慧。

（九）苦类智忍：断除色界无色界苦谛之见惑所得的智慧。

（十）苦类智：观察色界无色界苦谛、印证苦谛之理的智慧。

（十一）集类智忍：断除色界无色界集谛之见惑所得的智慧。

（十二）集类智：观察色界无色界集谛、印证集谛之理的智慧。

（十三）灭类智忍：断除色界无色界灭谛之见惑所得的智慧。

（十四）灭类智：观察色界无色界灭谛、印证灭谛之理的智慧。

（十五）道类智忍：断除色界无色界道谛之见惑所得的智慧。

（十六）道类智：观察色界无色界道谛、印证道谛之理的智慧。

概而言之，观察欲界四谛之智称法智，观察色界无色界之智称类智。法智类智各有“忍”与“智”之别，合为八忍、八智。八忍的重心在于断除烦恼，八智的重心在于印证四谛，与佛教真理相契合。

⑧⑨⑩⑪ 见上条注。

⑫ **无间等**：指十六心没有间隔，同时生起。

⑬ **见道**：行位三道之一。初以无漏智观察四谛，断除一切见惑的修行之位，称见道。

⑭ **修道**：行位三道之一。观察四谛，断除一切修惑的修行之位，称修道。

⑮ **见地**：即见道。

⑯ **修地**：即修道。

⑰ **无学地**：一般称无学道。行位三道之一。见道修道因有法可学，统称有学道。此后圆满证悟四谛之理，更无余法可学，称无学道。与阿罗汉果相应。

⑱ **利根**：与钝根合称二根。指修行佛道根性锐利之人。

⑲ **随法行**：指以自身智慧思惟佛法进行修行。

⑳ **钝根**：与利根合称二根。指修行佛道根性钝弱之人。

㉑ **随信行**：指因相信他人言教，随之进行修行。

㉒ **一二三四五种断**：烦恼以软中上相叠进行分别，可分九品：软软、软中、软上、中软、中中、中上、上

软、上中、上上。此处指断除前五品烦恼。

㉓ **向须陀洹果**：通常称作“须陀洹向”，译作“预流向”。佛教贤圣中四向之一。在见道十五心之间，是须陀洹果之因道，故称须陀洹向、预流向。

㉔ **向斯陀含果**：通常称“斯陀含向”，译作“一来向”。佛教贤圣中四向之一。是斯陀含果之因道，故称斯陀含向、一来向。

㉕ **无所有处**：三界中无色界分作四处，此是第三处。

㉖ **向阿那含果**：通常作“阿那含向”，译作“不还向”。佛教贤圣中四向之一。能趣向阿那含果，故称阿那含向、不还向。

㉗ **住果**：指修行者安住于所证的果位。

㉘ **须陀洹**：梵文 Srotāpanna 的音译，意译“预流”、“逆流”、“入流”等。佛教贤圣四果之一。凡夫初入佛法圣道之流，称“预流”、“入流”。入贤圣位，逆于生死之流，故又称“逆流”。

㉙ **斯陀含**：梵文 Sakrdāgāmi 的音译，译作“一来”。佛教贤圣四果之一。此果当于欲界受生一次，然后才能涅槃，故称一来。

㉚ **阿那含**：梵文 Angāmi 的音译，意译“不还”、“不来”等。佛教贤圣四果之一。此果不再来欲界受生，故称不还、不来。

㉛ **信解脱**：钝根之人随信行而达到预流、一来、不还三果，称信解脱。指以信力成熟三果之人。

㉜ **见到**：利根之人随法行而达到预流、一来、不还三果，称见到。指以智慧成熟三果之人。

㉝ **结**：烦恼的异称。

㉞ **七有**：有的含义是有生。七有指转生七次。

㉟ **中阴**：又称“中有”、“中蕴”等。指众生在此生死后、来生生前的存在状态。

㊱ **生阴**：又称“生有”、“生蕴”等。指众生轮回过程中刚刚受生时的生存状态。

㊲ **家家**：须陀洹果中比较优胜者称家家。

㊳ **天下**：佛教将世界分成南东西北四大部洲，每一洲可称为一天下。

㊴ **般涅槃**：即涅槃，意译“灭”、“灭度”、“寂灭”、“无为”等，是佛教所要达到的最高理想，一般指断除生死轮回所达到的一种精神状态。

㊵ **无漏根**：无漏意为无烦恼，根意为事物的根本。能使众生断除烦恼、证入圣道的根本，称无漏根。有三种：未知根、已知根、无知根。

㊶ **一种子**：斯陀含果中的优胜者名一种子。

㊷ **中般涅槃**：五种阿那含果之一。阿那含自欲界转生色界，在“中有”之位证阿罗汉果，称中般涅槃。

中指中有。

㊸ **生般涅槃**：五种阿那含果之一。阿那含转生色界后，以“生有”之位证阿罗汉果，称生般涅槃。生指生有。

㊹ **行般涅槃**：五种阿那含果之一。阿那含转生色界后，经过长时间的精勤修行方证入涅槃，称行般涅槃。行指修行。

㊺ **无行般涅槃**：五种阿那含果之一。阿那含转生色界后，不加修行，余恶自然解脱而证入涅槃，称无行般涅槃。

㊻ **上流般涅槃**：五种阿那含果之一。阿那含转生色界后，自下一级天进升上一级天，在此期间断除余惑证入涅槃，称上流般涅槃。上流指自下向上进升。

㊼ **中般涅槃有三种**：佛经以譬喻的方法将中般涅槃分成三种：（一）如小迸木火；（二）如小迸热铁；（三）如迸烧铁丸。

㊽ **现法般涅槃**：阿那含果之一。阿那含不转生色界，在欲界之中即断除余惑而证入涅槃，称现法般涅槃。

㊾ **无色界阿那含**：阿那含果之一。阿那含不生色界，自欲界直接生于无色界中，断除余惑而证入涅槃，称无色界阿那含。

㊿ **不定人**：阿那含果之一。指可以在三界中的任

何一界断除余惑而涅槃的阿那含。因为在三界中不决定，所以称为不定人。

译文

问：已说凡夫修行的次第，圣道的修行次第是怎样的呢？

答：世间第一法，次生苦法忍，

忍次生于智，俱观于下苦。

“世间第一法，次生苦法忍”的含义是：从世间第一法中随次产生苦法忍。它能对治欲界见苦所断的十种烦恼，是无漏无碍道中的第一步。此外，苦法忍随世间第一法顺次而生，不造恶业，不趣恶道，能舍弃邪业、邪趣、邪见。邪业即五无间业，指杀父、杀母、杀阿罗汉、破和合僧（破坏佛教僧团的团结）、出佛身血。邪趣即恶趣，指地狱、畜生、饿鬼等三种轮回恶道。邪见指上文提到的有身见、受边见、邪见、取见见、取戒见等五见。……“忍次生于智”的含义是：修行者在苦法忍之后产生苦法智，而苦法智则进入解脱道之中。

问：苦法忍和苦法智以什么为观察对象呢？

答：“俱观于下苦”。三界中欲界最低，称作下，下苦即是欲界苦。苦法忍与苦法智皆以欲界苦为观察对象。

谓色无色苦，集灭道亦然。

此法无间等，说是十六心。

“谓色无色苦”的含义是：以色界苦和无色界苦为观察对象，修行者能分别获得苦比忍和苦比智，其中，苦比忍属于无碍道，苦比智属于解脱道。“集灭道亦然”的含义是：与观察三界苦谛一样，观察集谛、灭谛、道谛也能获得相应的忍和智。其中，观察欲界集谛能得集法忍、集法智，观察色界、无色界集谛能得集比忍、集比智；观察欲界灭谛能得灭法忍、灭法智，观察色界、无色界灭谛能得灭比忍、灭比智；观察欲界道谛能得道法忍、道法智，观察色界、无色界道谛能得道比忍、道比智。由此我们看到，修行者对三界中苦集灭道四谛的观察，能分别获得二种忍，即法忍和比忍，也能获得两种智，即法智和比智。其中，二种忍在修行中属于无碍道，二种智则属于解脱道。

“此法无间等，说是十六心”的含义是：上述十六种法总称为十六心，此十六心在时间上是不间断地产生的，也就是说，修行者能毫不间断，一气呵成，迅速地认识到上述十六心的存在。我们知道，圣道的修行可分成见道和修道，在十六心中，前十五心属于见道，最后第十六心属于修道。……从总体而言，一切圣道分成三种，即见道、修道、无学道，在上述三道中，每一道都有相应的圣贤位在其中，那么，这些圣贤都叫什么名字呢？我们现在对此进行解释。

随法行利根，此在十五意，

随信行钝见，当知亦在中。

“随法行利根，此在十五意”的含义是：在见道十五心中的修行者，如果他们根机锐利，能运用自身的智慧思惟佛法进行修习，他们被称作“随法行”人，因为他们所得到的佛教真理是自家体悟而得，不是信奉他人所得的。“随信行钝见，当知亦在中”的含义是：在见道十五心中的修行者，如果他们根机迟钝，被称作“随信行”人，因为他们是依靠对别人的相信而得度的。随信行的人对事物的观察较少，随法行的人对事物的观察则较多。

随信随法行，若具烦恼缚，

乃至五种断，当知向始果。

无论是随信行人，还是随法行人，都没有断绝烦恼，被各种烦恼所系缚。如果我们将烦恼分成软软、软中、软上、中软、中中、中上、上软、上中、上上九品，则断除欲界前五品烦恼的人，无论是随信行、随法行，都称作“须陀洹向”。随信行、随法行人都在佛教圣贤之中，当他们尚是凡夫之时，如果不曾断一品烦恼，我们称之为被烦恼系缚；如果已经断除一品烦恼，我们便称之为不被烦恼系缚。……

六断乃至八，是向第二果，

离欲至八地，是则第三向。

“六断乃至八，是向第二果”的含义是：随信行人、随法行人，如果断除了欲界六、七、八品烦恼，我们称之为“斯陀含向”。“离欲至八地，是则第三向”的意思是：随信行人、随法行人，如果超离了欲界，进入色界、无色界中，达到了无色界中“无所有处”的禅定境界，我们统称之为“阿那含向”。

若至十六心，是名住于果，

软见信解脱，利见名见到。

“若至十六心，是名住于果”的含义是：前“须陀洹向”、“斯陀含向”、“阿那含向”皆在见道十五心中，称为“向果”。修行者如果进入第十六心即道比智之中，与之相应而起的修行阶段统称“住果”，包括“须陀洹果”、“斯陀含果”和“阿那含果”。

“软见信解脱”的含义是：修行者如果见识浅薄，因信从他人而入见道修行之位，名随信行。此随信行人如至第十六心之中，获得了须陀洹、斯陀含、阿那含等三果，统称为“信解脱”。

“利见名见到”的含义是：修行者如果根机锐利，因之进入见道修行之位，名随法行。此随法行人如至第十六心之中，获得了须陀洹、斯陀含、阿那含等三果，则统称为“见到”。“见到”之人对佛法的相信程度超过了“信解脱”之人，但他们相信佛法不是来自他人的启示，而是由于自身智慧的功勋，所以，他们不叫“信解脱”，而是叫“见到”。

非事诸烦恼，谓彼一切尽，
乃至未进行，是名须陀洹。

前文提到，一切烦恼可分别为九十八种，其中八十八种属于见道所断的内容。在修行过程中，如果修行者将此八十八种见道所断烦恼断除干净，却未能进一步进行修习，此时所获得的修行果位，名叫须陀洹果。如果顺便断除上上品修道所断烦恼，则名斯陀含向。当断除前五品烦恼时，如果有道比智生起，超越世俗生死，名叫须陀含果，不名斯陀含向，因为斯陀含向之道此时未能出现。……

须陀洹果未能断除一切修道所断烦恼，他最多还有七次轮回，要在人间的中阴、生阴和欲界诸天中转生七次方证涅槃。他转生的次数总数为七，绝不会超过七次。……也不是一切须陀洹都必须经过七次转生才能证成涅槃，有的可以少于七次，如下面所说的家家。

若断三四种，成就彼对治，
余二生三生，是说名家家。

修行者达到一定的阶段名叫家家。建立家家这一果位有三种原因，即烦恼断、成就根和受生。所谓“烦恼断”，是指他能断除欲界修道所断烦恼中的三品或四品。家家不能断除五品烦恼，因为如果断除了第五品，则势必随之断除第六品，而断除六品则名叫斯陀含了。……“成就根”的意思是：家家能获得对治三品、四品烦恼的无漏根。“受生”的意思是：家家或者仍在欲界受生，还需转生两次或三次方证涅槃。上述三个条件缺一不可，只要缺少其中的一个条件，都不能叫作家家。

家家有两种，一种是天家家，一种是人家家。所谓天家家，指受生于欲界天中转生二次或三次，他的转生或在同一欲界天中完成，或者在二种、三种欲界天中完成，要视具体情况而定。所谓人家家，指以人间身的形式转生，他或者转生在一天下，或者转在二天下、三天下；或者转生于一家，或者转生于二家、三家，也依具体情况而有所不同。

问：家家的含义是什么呢？

答：因为他要从一家到另一家，两次或三次转生之后才证涅槃，所以名叫家家。所谓家家，其实就是须陀洹，是须陀洹中的最高者。

六品断烦恼，见道断一切，

是说斯陀含，谓彼未进行。

如果修行者断除了欲界修道所断烦恼中的上三品和中三品，断除了见道所断的一切八十八种烦恼，不再进一步修行，此时所获得的果位名叫斯陀含。

问：斯陀含的含义是什么？

答：斯陀含的含义是“一来”，因为斯陀含命终之后转生欲界天中，又从欲界天来生人间一次才证涅槃，所以，斯陀含的含义是一来。

若七八品断，成就对治根，

余则受一生，是名一种子。

修行者如果断除了欲界修道所断烦恼中的七品或八品，并断除了见道所断的一切八十八种烦恼，获得了对治相应烦恼的无漏根，并只在欲界中转生一次，这样的修行者名叫“一种子”。所谓一种子必须具备三个条件，即是断烦恼、成就根和转生，三者任缺其一都不能称为“一种子”。“一种子”有两种，天一种子和人一种子。天一种子指以天的形象转生一次而涅槃，人一种子指以人的形象转生一次而涅槃。所以称之为“一种子”是因为此时的修行者仅余下了一生的活动种子，其余的已全部消除干净。……“一种子”是斯陀含果中的最高者。

九品尽不还，当知有多种，

或五及七八，或复说众多。

“九品尽不还”的含义是：如果修行者断除了见道所断的一切烦恼和欲界修道所断的全部九品烦恼，就被称作是阿那含。……不再返回欲界之中，称为阿那含。阿那含有多种，“或五及七八，或复说众多”，意思是说阿那含可分成五种，也可分成七种、八种，甚至多种。所谓五种是指中般涅槃、生般涅槃、行般涅槃、无行般涅槃和上流般涅槃。七种是将中般涅槃分成三种，加上其他四种，总成七种。八种是在前五种的基础上增入现法般涅槃、无色界阿那含和不定人三种。上述各种阿那含果中，中般涅槃指自欲界超生色界，于色界“中阴”之位即证涅槃的阿那含；生般涅槃指以色界“生阴”之位而证涅槃的阿那含；行般涅槃指转生色界后尚需长期修行方证涅槃的阿那含；无行般涅槃指转生色界后不加修行，余恶自然解脱而证入涅槃的阿那含；上流般涅槃指转生色界后，自下级天处进升到上级天处期间断除余惑而证入涅槃的阿那含；现法般涅槃指不转生色界，在欲界之中即断除余惑而证入涅槃的阿那含；无色界阿那含指自欲界直接转生无色界而证入涅槃的阿那含；不定人指可以在三界中的任何一界断除余惑而证入涅槃的阿那含。……

原典

问：阿罗汉几种？

答：阿罗汉六种，随信行生五，

彼得于二智，当知时解脱。

“阿罗汉六种”者，谓退法[①]、思法[②]、护法[③]、住法[④]、必升进法[⑤]、不动法[⑥]。……彼说六种，是欲界阿罗汉。色、无色界有二种，住法及不动法。有说退法不必退，若退者唯此种性非余。彼说三界悉有六阿罗汉。

“随信行生五”者，此六种阿罗汉中，前五种是信种性。彼成就二智，谓尽智[⑦]及无学等见[⑧]。彼或时退故，不说无生智[⑨]。世尊以更不受生故，一切契经说更不受后有知如真。

“当知时解脱”者，当知此是时解脱[⑩]。衣食床卧具处所说法及人随顺故，善根增进，不能一切时随所欲进故，说时解脱。

不动法利根，是不时解脱，

彼得于三智，自解脱成就。

“不动法利根，是不时解脱”者，若不动法一向利根，能一切时随所欲进修善业，不待众具，是不时解脱[⑪]。“彼得于三智”者，彼成就三智，尽智、无生智及无学等见，是不退法。“自解脱成就”者，当知彼自己相似名解脱成就。……

慧解脱当知，不得灭尽定，

若得灭尽定，当知俱解脱。

“慧解脱当知，不得灭尽定”者，此六种阿罗汉不得灭尽定者，说慧解脱[12]。以慧力解脱烦恼障[13]故，名慧解脱。“若得灭尽定，当知俱解脱”者，此六种阿罗汉得灭尽定者，说俱解脱[14]。彼慧力离烦恼障心得解脱，灭正受力离解脱障[15]得解脱，是故名俱解脱。……

诸根说九种，亦说九种人，

七种诸声闻，缘觉及如来。

此说九种根，谓软软乃至上上。阿罗汉人亦九种，谓前五种及二不动解脱，或因时解脱得不动，或始得不动。此七种声闻[16]及缘觉[17]、如来[18]是名九种人。已说根建立人，若人成就根今当说。

软中最软根，是为初种人，

乃至增上上，第九人当知。

彼退法成就软软根、思法软中、护法软上、住法中软、升进中中、因时解脱种性不动法中上、初不动解脱上软、缘觉上中、如来上上。……已说建立贤圣人相，建立法今当说。

谓随信行法，若随法行法，

及与见谛道，是尽同一相。

随信行法、随法行法及见谛道[19]，此三种法尽同一相。差别者，随信行者钝根，随法行者利根。

于中诸根法，是名未知根。

谓余有学法，佛说已知根。

“于中诸根法，是名未知根”者，彼见谛所摄根数有九法，谓意根[20]、乐根[21]、喜根[22]、舍根[23]、信等五根[24]，是名未知根[25]。此诸根随信行、随法行所成就。名者，未知当知故说未知根。……“谓余有学法，佛说已知根”者，除见道学法余学法，即此根数九法说已知根[26]。此根信解脱、见到、身证[27]所成就。……

当知无学法，是说无知根。

得果舍前道，无碍智所说。

“当知无学法，是说无知根”者，当知无学法，即此根数九法说无知根[28]。此根慧解脱、俱解脱所成就。……“得果舍前道，无碍智所说”者，得果时当知舍前无漏道[29]得。须陀洹果舍见得。斯陀含果若先倍欲尽亦舍见道，若次第者，舍须陀洹果及须陀洹进向道得。阿那含果若先欲爱尽亦舍见道，若次第者，舍斯陀含果及斯陀含进向道得。阿罗汉果舍阿那含果及阿那含进向道。……

注释

① **退法**：退法是退法阿罗汉的简称。六种阿罗汉果之一。指一旦遇到恶缘便退失所得之果的阿罗汉。

② **思法**：思法阿罗汉的简称。六种阿罗汉果之一。阿罗汉惧怕退失所得之果，不断思惟，称思法阿罗汉。

③ **护法**：护法阿罗汉的简称。六种阿罗汉果之一。阿罗汉于所证之果能尽心防护，不令退失，名护法阿罗汉。

④ **住法**：住法阿罗汉的简称。六种阿罗汉果之一。阿罗汉能安住自己所得之果，不进不退，称住法阿罗汉。

⑤ **必升进法**：又译“堪达法”。必升进法阿罗汉的简称，六种阿罗汉果之一。能继续修行，升至不动阿罗汉境界的阿罗汉，称必升进法阿罗汉。

⑥ **不动法**：不动法阿罗汉的简称。六种阿罗汉果之一。指不为任何恶缘所动，安住自果的阿罗汉。是阿罗汉中的最高境界。

⑦ **尽智**：佛教智慧之一。指断尽一切烦恼、认识佛教四谛的智慧。

⑧ **无学等见**：指无学道中慧智、无生智以外的认识与见解。

⑨ **无生智**：佛教智慧之一。阿罗汉认识到自己烦恼已断，不再生起，再不需要修证，这种智慧称无生智。

⑩ **时解脱**：时解脱阿罗汉的简称。钝根阿罗汉只有在衣食住处师友等有利条件具足时才能证入阿罗汉果，所以称为时解脱阿罗汉。

⑪ **不时解脱**：不时解脱阿罗汉的简称。利根阿罗汉不待衣食师友等条件，能以自身智慧随时证入阿罗汉果，称不时解脱阿罗汉。

⑫ **慧解脱**：慧解脱阿罗汉的简称。指仅从烦恼障中解脱出来的阿罗汉。烦恼障见注⑬。

⑬ **烦恼障**：贪瞋痴等烦恼能障碍涅槃觉悟，称烦恼障。

⑭ **俱解脱**：俱解脱阿罗汉的简称。指从解脱障中解脱出来的阿罗汉。解脱障见注⑮。

⑮ **解脱障**：此解脱指灭尽定。障碍修习者进入灭尽定的烦恼称解脱障。

⑯ **声闻**：梵文 Śirāvaka 的意译。原指佛在世时的弟子，后指只能遵照佛的说教进行修行之出家者。与缘觉、菩萨合称三乘。与缘觉合称二乘。

⑰ **缘觉**：梵文 Pratyeka buddha 的意译，又译“独觉”，音译“辟支迦佛陀”，略称“辟支佛”。指通过自身智慧证悟佛教真理，不需他人的教导而修行觉悟者。与声闻、菩萨合称三乘。与声闻合称二乘。

⑱ **如来**：梵文 Tathāgata 的意译，佛十号之一。如

即真如，指佛教的绝对真理。循真如而来以至觉悟成佛，所以称为如来。

⑲ **见谛道**：即见道。

⑳ **意根**：认识活动所依的根由名意根。小乘佛教将前念的意识看作是意根。

㉑ **乐根**：眼等五识对外境不加认识分别而感到快乐，称乐受。乐受能使善恶法不断增长，有根的作用，所以称为乐根。

㉒ **喜根**：意识对外境进行认识分别而感到喜乐，名喜受。喜受也有增进助长善恶法的作用，所以称为喜根。

㉓ **舍根**：眼耳鼻舌身意六识对外境无苦乐等感受，名舍受。舍受也有增进助长的作用，名舍根。

㉔ **信等五根**：指信根、精进根、念根、定根、慧根。此五根是一切善法产生的根由，所以各称为根。其中信根指相信四谛真理；精进根又名勤根，指勤修佛法；念根指忆念佛教正法；定根指精神专一不乱；慧根指思惟真理的智慧。

㉕ **未知根**：又作“未知当知根”。与已知根、无知根合称三无漏根。行位三道中见道所属的无漏智称未知根。对于佛教四谛之理，此前未曾认知，此后开始认知，所以称未知当知根。

㉖ **已知根**：与未知根、无知根合称三无漏根。指行位三道中修道所属的无漏智。对佛教四谛已经认知，所以称为已知根。

㉗ **身证**：阿那含果中的优胜者名身证。

㉘ **无知根**：又作“具知根”。与未知根、已知根合称三无漏根。指行位三道中无学道所属的无漏智。获得此智的修行者不仅认识了佛教四谛真理，同时又认识到自己认识了佛教真理，所以这种智慧称具知根。因在无学道中，所以又称无知根。

㉙ **无漏道**：与有漏道相对。修行者进入见道之前，未曾断除烦恼，称有漏道。进入见道之后开始断除烦恼，称无漏道。

译文

问：断除一切烦恼惑业的最高的修行果位名叫阿罗汉。阿罗汉有几种？

答：阿罗汉六种，随信行生五，

彼得于二智，当知时解脱。

“阿罗汉六种”的含义是：阿罗汉可分成六种，即退法阿罗汉、思法阿罗汉、护法阿罗汉、住法阿罗汉、必升进法阿罗汉、不动法阿罗汉。……此六种阿罗汉是欲界阿罗汉，如在色界、无色界二界之中，阿罗汉只有两种，即住法阿罗汉和不动法阿罗汉。有人认为，退法阿罗汉并非必定要有退失，但有退失的只能是退法阿罗汉，不是其他阿罗汉。这种说法还认为，欲界、色界、无色界三界之中都有上述六种阿罗汉。

“随信行生五”的含义是：上述六种阿罗汉中，前五种以信仰为根本，是由于信从他人而修行证得的。此五种阿罗汉获得了两种智慧，即尽智和无学等见。他们没有获得无生智，因为他们有时还会退转，从阿罗汉的境界后退到其他生存境界之中。佛世尊认为，只有不再受生，才能如实地把握世界真理，一切佛经也都做过这样的解释。无生智是佛教对世界真理的最高认识，因此，有退转、有后退的阿罗汉不可能获得无生智的智慧。

“当知时解脱”的含义是：上述五种阿罗汉又可总称为时解脱阿罗汉，因为他们证入阿罗汉境界之时，必须要以衣服、饮食、床具、处所、所说之法及说法之人等事机为条件，只有上述条件具足，他们的善根才能逐渐增长，最终证成阿罗汉果。这就是说，他们不能随心所欲地增进修习，不能在一切时刻证入阿罗汉境界，所以称之为时解脱阿罗汉。

不动法利根，是不时解脱，

彼得于三智，自解脱成就。

“不动法利根，是不时解脱”的含义是：不动法阿罗汉是利根之人随法修行而证得的，他不需要衣服、饮食等条件，能在一切时刻随心所欲修习善业，证入涅槃，所以称作不时解脱阿罗汉。“彼得于三智”的含义是：不动法阿罗汉能成就三种智慧，即尽智、无生智和无学等见。不动法阿罗汉不再有退，所以能获得无生智。“自解脱成就”的含义是：不动法阿罗汉再无任何活动，以自身获得涅槃解脱。……

慧解脱当知，不得灭尽定，

若得灭尽定，当知俱解脱。

成就解脱的力量有两种，一种是智慧，一种是禅定。“慧解脱当知，不得灭尽定”的含义是：上述六种阿罗汉，如果未能获得禅定中的灭尽定，称作慧解脱阿罗汉。所谓慧解脱是指仅以智慧之力克制烦恼，获得解脱。“若得灭尽定，当知俱解脱”的含义是：六种阿罗汉如果获得了禅定中的灭尽定，称作俱解脱阿罗汉。所谓俱解脱是指阿罗汉一方面以智慧之力灭除了妨碍智能的烦恼，一方面又以禅定之力灭除了妨碍禅定的烦恼。由于以智慧和禅定两者获得解脱，所以称为俱解脱。……

诸根说九种，亦说九种人，

七种诸声闻，缘觉及如来。

修行者的根器可分成九种，即软软、软中、软上、中软、中中、中上、上软、上中、上上。与此相应，阿罗汉也可分成九种。退法、思法、护法、住法、必升进法五种阿罗汉及因时解脱的不动法阿罗汉和不因时解脱的不动法阿罗汉，此七种阿罗汉称为七种声闻。如再加上缘觉和如来，合为九种阿罗汉。此以九根建立九种阿罗汉，那么，何种阿罗汉成就何种根呢？我们这就进行解释。

软中最软根，是为初种人，

乃至增上上，第九人当知。

退法阿罗汉成就软软根，思法阿罗汉成就软中根，护法阿罗汉成就软上根，住法阿罗汉成就中软根，必升进法阿罗汉成就中中根，因时解脱不动法阿罗汉成就中上根，不时解脱不动法阿罗汉成就上软根，缘觉成就上中根，如来成就上上根。……至此，我们解释了佛教贤者圣者的名相，下面解释佛教贤圣所获得的诸法。

谓随信行法，若随法行法，

及与见谛道，是尽同一相。

在佛教修行中，无论是随信行、随法行的声闻，还是以自身智慧认识佛教四谛之理的缘觉，它们修证的佛法完全是相同的，都是对佛教四谛之理的体悟。其间的差别在于，随信行者根机迟钝，随法行者根机锋利。

于中诸根法，是名未知根。

谓余有学法，佛说已知根。

有九种法能促使修行者体悟佛教四谛之理，此九法分别是意根、乐根、喜根、舍根、信根、精进根、念根、定根、慧根，统称九根。佛教的修行阶段则分成见道、修道、无学道，前两种又总称为学道。“于中诸根法，是名未知根”的含义是：上述九根如果处在有学的见道位中，称为未知根。为什么称作未知根呢？因为修行者对四谛之理此前未知，此后当知，所以称作未知根。此未知根由随信行、随法行的贤者圣者所成就。……“谓余有学法，佛说已知根”的含义是：上述九根如在见道之外的有学法中，也就是在修道位中，称作已知根。已知根由信解脱、见到、身证等贤圣之人成就。……

当知无学法，是说无知根。

得果舍前道，无碍智所说。

“当知无学法，是说无知根”的含义是：上述九根如在无学道中称无知根。此根由慧解脱阿罗汉和俱解脱阿罗汉成就。……“得果舍前道，无碍智所说”的含义是：修行者获得圣果时，是通过舍弃无烦恼的前一修行之道而完成的。比如，须陀洹果要舍弃见道才能获得。

斯陀含果如果先时除尽贪欲也舍见道，但以生起的次第而论，它却是舍弃须陀洹果和须陀洹向而获得的。阿那含果如果先时除尽爱欲也舍见道，以生起的次第而论，则是舍弃斯陀含果及斯陀含向之后而获得的。阿罗汉果是舍弃阿那含果及阿那含向之后而获得的。……

6　智品第六

原典

已说建立贤圣人，智今当说。……

问：何等为智？

答：三智佛所说，最上第一觉，

　　谓法智比智，及世俗等智。

此三智摄一切智。法智者，住智境界欲界苦集灭道，无漏智也。此初受法相①，故说法智②。比智者，若智境界色、无色界苦集灭道，无漏智也。若此行法智转，即此行随转，是比智③。以比类智，故说比智。等智者，若智境界一切法，有漏智也。等者，多受俗数，谓男女、长短等，故说等智④。

苦集及灭道，二智从谛生，

是名与四智，牟尼随谛说。

此法智、比智随谛转，世尊随彼谛声说，境界苦谛说苦智[⑤]，境界集灭道谛说道智[⑥]。

若智观他心，是从三中说。

尽无生智二，境界在四门。

“若智观他心，是从三中说”者，三智观他心[⑦]，以法智品为境界说法智，以比智品为境界说比智，以有漏心心法为境界说等智。“尽无生智二”者，尽智、无生智是二智，谓法智、比智。彼所作究竟决定转是尽智。不复当作决定转是无生智。

问：何谛境界？

答：“境界在四门”。谓彼缘四谛。

问：若世尊说三智，云何说十？

答：对治及方便，自性行行缘，

已作因长养，是故说十智。

七因缘故说十智，谓对治、方便、自性、行、行缘、已作、因长养。彼对治者，法智、比智，是无漏智。欲界对治说法智。色、无色界对治说比智。法智虽色、无色界对治，而非一切亦非全种，是故不说。方便者，他心智，亦智心法，但彼方便欲知彼心故。自性者，等智。多取俗数，如前说。行者，苦智、集智。此二智行不坏，缘坏。……

行缘者，谓灭智、道智。以彼智缘不坏，行亦不坏。已作者，谓尽智，所作已作故。因长养者，谓无生智，因一切无漏智故，住不动身[8]故。已说因缘建立十智，善等分别今当说。

注释

①**法相**：诸法的行相特征称法相。

②**法智**：观察欲界苦集灭道四谛所得的无漏智慧名法智。

③**比智**：即类智。指观察色、无色界苦集灭道四谛所得的无漏智慧。

④**等智**：又称世俗智。指以世俗世界为认识对象的智能。因未离烦恼，所以是有漏智。

⑤**苦智**：认识三界苦谛之理的智慧，含苦法智、苦比智两种。

⑥**道智**：正文此处省略了集智、灭智。认识三界集谛、灭谛、道谛之理的智慧分别称作集智、灭智、道智。三智中各含有法智、灭智两种。

⑦**他心**：即他心智。能认识他人心理活动的智慧名他心智。

⑧**不动身**：指不动法阿罗汉。

译文

前文解释了佛教的贤人圣者，下面说明佛教的智慧。……

问：什么是佛教的智慧？

答：三智佛所说，最上第一觉，

谓法智比智，及世俗等智。

释迦牟尼佛说有三种智慧，即法智、比智和世俗等智。若论名相，佛教的智慧可有多种，但就本质而言，一切智慧都可包摄在上述三智之中。所谓法智，是以欲界苦集灭道四谛为观察对象所得到的智能，是一种没有烦恼的无漏智慧。它第一次认识到一切诸法的性质特征，所以称为法智。所谓比智，是以色界、无色界中的苦集灭道四谛为观察对象所获得的智能，也是没有烦恼的无漏智慧。它随法智的生起而生起，与法智比类而观，所以称为比智。所谓世俗等智，是以一切万法为观察对象而得到的智能，是一种有烦恼的有漏智慧。它多以世俗事物为认识对象，常对人之男女、物之长短等世俗形相进行分别，所以称世俗等智。

苦集及灭道，二智从谛生，

是名与四智，牟尼随谛说。

法智与比智皆以四谛为观察对象，但随四谛的不同，释迦牟尼佛又建立了不同的四智。比如，以苦谛为观察对象称苦智，以集谛、灭谛、道谛为观察对象，则分别称为集智、灭智和道智。

若智观他心，是从三中说。

尽无生智二，境界在四门。

“若智观他心，是从三中说”的含义是：观察他人心理活动的智慧名叫他心智，他心智中实际上包含了三种智，即法智、比智和世俗等智，其中，观察欲界众生心理活动的是三智中的法智，观察色界、无色界众生心理活动的是比智，观察众生有烦恼的心和心法的是三智中的世俗等智。“尽无生智二”的含义是：尽智和无生智实际上是法智和比智两种，所谓尽智是指法智和比智对所应认识的真理已完全认识清楚，所谓无生智是指修行者以法智和比智为方法，认识到自己以后不再转生。所以，从实质而言，尽智和无生智都不过是法智和比智。

问：尽智和无生智以何为认识对象？

答：“境界在四门”。这就是说尽智和无生智皆以苦集灭道四谛为认识对象。

问：前文曾说，释迦牟尼佛说有三智，此处怎么说成十智了呢？

答：对治及方便，自性行行缘，

已作因长养，是故说十智。

此处说有十智，共有七种原因，即对治、方便、自性、行、行缘、已作和因长养。对治即对治相应的烦恼，因此建立二智，即法智和比智。对治欲界烦恼称法智，对治色界、无色界烦恼称比智。法智有时也能对治色界、无色界烦恼，但却只能对治其中的部分，而不是全部一切，所以，对治色、无色二界烦恼的智慧称比智，不称法智。法智与比智都是没有烦恼的无漏智。方便即各种便利方法，以此为原因建立他心智，因为他心智就是要以各种便利方法了解别人的心理。自性即事物的个性特征，以此为原因建立世俗等智，因为世俗等智多以世俗事物为对象，力图探清事物的个性特征。行指智的运行，以此为原因建立苦智和集智。此二智运行之时要破坏它们的认识对象，比如苦智以苦谛为认识对象而得，但获得苦智的结果则是对苦的灭除；同样，集智以集谛为认识对象而得，但集智的获得则要灭除集即苦的原因。……

行缘是指智的运行及其认识对象，以此为原因建立灭智和道智。此二智运行之时分别以灭谛和道谛为认识对象，但获得灭智和道智时并不灭除灭谛和道谛，与苦智和集智的情况不同。已作指应做之事已做，以此为原因建立尽智，因为尽智已断除一切烦恼，已修证一切应修之事。因长养指因于其他事物而得增长，以此为原因建立无生智，因为无生智是因于一切无漏智慧而得的，只有获得无生智，修行者才能证成金刚不动之身。已说十智建立的原因，下面解释十智的善恶性质。

原典

九智唯说善，一智三分别，

一见二非见，余则有二种。

“九智唯说善”者，除等智余九智说善，爱果故。“一智三分别”者，等智或善，或不善、无记。“一见”者，他心智是见[①]，分别性故。“二非见”者，尽智、无生智非见，非分别性故。“余则有二种”者，余七智或见或非见。若法智、比智、苦、集、灭、道智，尽智、无生智所不摄者是见，摄者非见。等智或见或非见。

五见、世俗正见是见，以捷疾故。疑、爱、恚、慢、无明想应慧非见。何以故？二使[②]覆故。无明相应慧虽无二使，一能极覆非余烦恼。何以故？非观察方便故。不隐没无记慧非见，不捷疾故。五识相应慧非见，非思量性故。

学与无学六，二智说无学，

非学无学一，当知一三种。

"学与无学六"者，谓法智、比智、苦、集、灭、道智或学或无学。若学人所得是学，若无学人所得是无学。"二智说无学"者，尽智、无生智是无学，离烦恼住故。

"非学无学一"者，谓等智是非学非无学，有漏故。"当知一三种"者，谓他心智或学或无学、非学非无学。若唯以学心心法为境界是学，若以无学心心法为境界是无学，若唯以有漏心心法为境界是非学非无学。

八智性不断，二智二种说，

有漏无漏一，一则说有漏。

"八智性不断"者，除他心智、等智，余八智不断，离垢故。"二智二种说"者，他心智若有漏是修道断，若无漏是不断。等智若忍对治是见断，若智对治是修断。

"有漏无漏一"者，他心智或有漏或无漏。以有漏心心法为境界是有漏，以无漏心心法为境界是无漏。"一则说有漏"者，等智一向有漏，烦恼住处故。当知八智不断说无漏。

四智有为缘，有常缘则一，

五智二境界，明智之所说。

"四智有为缘"者，谓他心智、苦、集、道智有为缘，以阴为境界故。"有常缘则一"者，谓灭智无为缘，以涅槃为境界故。

“五智二境界”者，谓法智、比智、尽智、无生智以三谛为境界是有为缘，以灭谛为境界是无为缘；等智亦以三谛为境界是有为缘，以数灭及虚空为境界是无为缘。

法智应当知，是从六地起，

比智则九地，他心智在禅。

“法智应当知，是从六地起”者，法智六地[③]可得，自性得也，谓四禅[④]、未来[⑤]、中间[⑥]，非无色[⑦]。无色不缘欲界故。

“比智则九地”者，比智九地可得，谓未来、中间、四禅、三无色。“他心智在禅”者，谓根本禅[⑧]有他心智。……

等智应当知，在于十一地，

谓彼诸余智，品品如前说。

“等智应当知，在于十一地”者，等智在十一地，谓欲界、未来、中间、四禅、四无色。“谓彼诸余智，品品如前说”者，谓苦、集、灭、道智、尽智、无生慧若法智品，在六地如法智；若比智品，在九地如比智。……

谓初无漏心，或有成就一，

二或成就三，四时各增一。

“谓初无漏心，或有成就一”者，谓初苦法忍相应心，若未离欲成就一等智，若离欲成就他心智。

“二或成就三”者，第二苦法智相应心，若未离欲成就三智：苦智、法智、等智。若离欲成就他心智。“四时各增一”者，于上四时一一增。苦比智，若未离欲四智：法智、比智、苦智、等智。若离欲得他心智。

集法智增集智，灭法智增灭智，道法智增道智。忍中不得智，非智性故。集灭道比智不增智，以苦比智得名故。已说成就智，修今当说。

注释

①**见**：此处与智相对。智指佛教智慧，见指一般的认识见解。

②**二使**：使即烦恼、惑。二使指见惑、修惑。

③**地**：指禅定的境界。

④**四禅**：色界的四种禅定境界。

⑤**未来**：指位处欲界之后，色界第一禅之前的一种禅定境界。又名未至定、未到定等。

⑥**中间**：指“中间定”。又称“中间禅”、“中间三昧”、“中间静虑”等。是色界初禅之后、二禅之前的禅定境界。

⑦**无色**：指无色界空无边处定、识无边处定、无

所有处定、非想非非想处定等四种禅定境界。

⑧ **根本禅**：色界、无色界的禅定共有八地，总称“四禅八定”。八地有“近分定”与之相应，是通向“四禅八定”的阶梯。对“近分定”而言，“四禅八定”称作根本定。

译文

九智唯说善，一智三分别，

一见二非见，余则有二种。

“九智唯说善”的含义是：除世俗等智之外，其余九智性善，因为它们都是修行者所愿意获得的善果。“一智三分别”的含义是：世俗等智或者性善，或者性恶，或者不记善恶，应分别对待。“一见”指的是他心智，他心智以意识的分别活动为特性，所以称为“见”。“二非见”指的是尽智和无生智，它们超越了意识的活动，不以意识的分别为特征，所以是“非见”。“余则有二种”的含义是：其他七智或是“见”或是“非见”。比如法智、比智、苦智、集智、灭智、道智，此六智如果包摄在尽智、无生智之中是“非见”，如果不包摄在尽智、无生智之中是“见”。等智也是如此，或是“见”，或是“非见”。

其中有身见等五见及正确的世俗认识是“见”，因为它们的认知活动非常迅捷。疑、爱、恚、慢、无明等烦恼相应的世俗等智是“非见”。为什么呢？因为此种世俗智慧经常为见惑及修惑二种烦恼所遮覆，认知能力较弱。与无明相应的世俗等智虽然没有二种烦恼的遮覆，但其自身的力量极强，能妨碍一切认知活动的生起，所以也是“非见”。为什么如此呢？因为这种世俗的智慧并不是观察事物的手段与方法。不能妨碍佛教圣道的生起同时自身性质不记善恶的智慧是“非见”，因为它不能迅速认识佛教真理。眼、耳、鼻、舌、身所有的认知外物的智慧是“非见”，因为它们不能深入思考，只能感知事物的表面特征，不能体悟事物的内在本性。

学与无学六，二智说无学，

非学无学一，当知一三种。

“学与无学六”指的是法智、比智、苦智、集智、灭智和道智，此六智有时是有学智，有时是无学智。有学指佛教修行中的见道和修道，位于见道和修道中的修行者称学人，上述六智如果由学人获得便是有学智。无学指佛教修行中的无学道，位于无学道中的修行者称无学人，上述六智如果由无学人获得则是无学智。“二智说无学”的含义是：尽智和无生智是无学智，只有在无学道中才能生起，因为它们已经远离了一切烦恼。

“非学无学一”的含义是：世俗等智一种既不是学智，也不是无学智，因为，无论学智还是无学智都以灭除烦恼为目的，而世俗等智则一向被烦恼系缚。“当知一三种”的含义是指，他心智有时是学智，有时是无学智，有时既不是学智也不是无学智。如果他心智以见道、修道中的有学的心和心法为认识对象是学智，如果以无学道中的心和心法为认识对象是无学智，如果以有烦恼的心和心法为认识对象，则既不是学智也不是无学智。

八智性不断，二智二种说，

有漏无漏一，一则说有漏。

“八智性不断”的含义是：除他心智和世俗等智外，其余八智自性不断，皆以远离烦恼污垢为目的。“二智二种说”指的他心智和世俗等智，此二智应区别对待。他心智如果有烦恼系缚，当在修道位中予以断除，如果没有烦恼系缚，则其自性不断；世俗等智如果是“苦法忍”等诸忍的对治对象，则在见道位中断除，如果是“苦法智”等诸智的对治之物，则在修道位中断除。

“有漏无漏一”的含义是：他心智有时有烦恼，有时无烦恼。如果它以有烦恼的心及心法为认识对象，是有烦恼；如果以没有烦恼的心和心法为认识对象，则是无烦恼。“一则说有漏”的含义是：世俗等智永远有烦恼，因为它总是存在于烦恼之中。除他心智和世俗等智外，其他自性不断的八智永远没有烦恼。

四智有为缘，有常缘则一，

五智二境界，明智之所说。

“四智有为缘”的含义是：有四种智必以有生灭变化的有为法为认识对象，它们是他心智、苦智、集智和道智，原因在于，此四智总是活动于色受想行识五阴之中，而五阴则永远是有为法，有生灭变化。“有常缘则一”的含义是：灭智以无为法为认识对象，因为灭智最终达到的是涅槃解脱的不动境界。

“五智二境界”的含义是：法智、比智、尽智、无生智，此四智如果活动于苦、集、道三谛境界之中，是以有生灭变化的有为法为认识对象，如果活动于灭谛的境界之中，则是以没有变化的无为法为认识对象；世俗等智如果活动于苦、集、道三谛之中，是以有为法为认识对象，如果进入了涅槃和虚空的境界之中，则是以无为法为认识对象。

法智应当知，是从六地起，

比智则九地，他心智在禅。

“法智应当知，是从六地起”的含义是：法智可以在六种禅定修习时生起。六种禅定指色界初禅、二禅、三禅、四禅以及未来禅和中间禅。所谓生起，指法智自身特质的生起。法智只能在色界禅定中生起，不能在无色界禅定中生起，因为无色界禅定不再以欲界为条件，而法智必须以欲界四谛为认识对象方能产生。

“比智则九地”的含义是：修行者可在九种禅定境界中获得比智。九种禅定指未来禅、中间禅、色界四禅及空无边处定、识无边处定、无所有处定等三种无色界禅定。“他心智在禅”的含义是：修行者可在根本禅中获得他心智。……

等智应当知，在于十一地，

谓彼诸余智，品品如前说。

“等智应当知，在于十一地”的含义是：修行者可在十一种境界中获得等智，十一种境界是：欲界、未来禅、中间禅、色界四禅以及空无边处定、识无边处定、无所有处定、非想非非想处定等无色界四定。“谓彼诸余智，品品如前说”的含义是：前文说过，苦智、集智、灭智、道智、尽智、无生智，此六智本质上即是法智和比智，如果它们属于法智，便与法智同样，可在六种禅定境界中获得；如果属于比智，则与比智相同，可在九种修行境界中获得。……

谓初无漏心，或有成就一，

二或成就三，四时各增一。

“初无漏心”指的是苦法忍。“谓初无漏心，或有成就一”的含义是：修行者如果获得最初的苦法忍，如果他尚未远离欲界，能获得一智即世俗等智；如果修行者已离欲界，则能获得他心智。

“二或成就三”，“二”指“十六心”中的第二心，即苦法智。修行者如果获得了苦法智，心中与苦法智相应，如果他尚未离开欲界，能成就苦智、法智、等智三智；如果他已离欲界，又能成就他心智。“四时各增一”的含义是：苦比智、集法智、灭法智、道法智此四智相应心中各增一智。如苦比智，如果修行者未离欲界，可获得法智、比智、苦智和世俗等智，如已离欲界又可获得他心智。

这就是说，修行者如获得苦比智，于法智、苦智、世俗等智、他心智之外增比智。同样，修行者如果获得集法智，增获集智；如获得道法智，增获道智；如获得灭法智，增获灭智。除苦法忍外，其他诸忍如苦比忍、集法忍、集比忍、灭法忍、灭比忍、道法忍、道比忍都不能增加智，因为诸忍本质上不是智。集比智、灭比智和道比智也不能增加智，因为它们的比智与苦比智中的比智是同一智。以上解释了智的获得，下面解释智的修行。

原典

若得修于智，谓在圣见道，

即彼当来修，诸忍亦如是。

“若得修于智，谓在圣见道，即彼当来修”者，见道诸智现在修，即彼未来修。谓苦法智现在修，未来修苦法智，非忍非余智。如是乃至道法智。“诸忍亦如是”者，苦法忍现在修，即彼未来修，非智非余忍。一切忍亦如是。……

于彼三心中，得修于等智，

当知最后心，或修七或六。

“于彼三心中，得修于等智”者，见道三心无间等边[①]修等智，谓苦、集、灭比智。若依禅未来超升离生，彼修一地见道二地等智，谓禅未来及欲界。若依初禅超升离生，修二地见道三地等智。乃至第四禅修六地见道七地等智。……

“当知最后心，或修七或六”者，若离欲得道比智，未来修七智，除等智、尽智、无生智。若未离欲修六智，除他心智。……

于彼上修道，十七无漏心，

当知修于七，增益根或六。

“于彼上修道，十七无漏心，当知修于七”者，若未离六种欲[②]，从须陀洹果进九无碍道[③]八解脱道[④]修七智。此道禅未来摄故，无他心智；尽智、无生智是无学故不修。余七智必修。若世俗智离欲，彼现在修一等智，未来修七。若无漏者四法智，一一现在修，未来七。

“增益根或六”者，谓信解脱求、见到，彼无碍道修六智。非他心智，无碍道相违故；非等智，似见道故；非尽智、无生智，无学故。若未离欲解脱道亦修此六。若离欲修七智，是故说“或”。升进得不动者，九无碍道修七智。非他心智，无碍道相违故；非等智，非第一有[⑤]对治故；非无生智，未得故。八解脱道修八智，亦得他心智故。第九解脱道修十智。……

注释

①**无间等边**：无间指没有间隔，等边指各边相等。此处指苦比智等三智互相相等，于瞬息之间共同生起等智。

②**六种欲**：简称六欲。指色欲、形貌欲、威仪姿态欲、语言声音欲、细滑欲、人相欲，泛指男女间的情欲。

③**九无碍道**：又译九无间道。三界之中的禅定分

成九地，每一地的修惑按上中下相叠进行区分，分成上上等九品，称九品修惑。以九品修惑与无碍道相对应，故有九无碍道。无碍道之义见上品注。

④ **八解脱道**：九解脱道之前八道。以九品修惑与解脱道相对应，故有九解脱道。解脱道的含义见上品注。

⑤ **第一有**：指非想非非想处，是三界众生中最高的存在状态，故称第一有。

译文

若得修于智，谓在圣见道，
即彼当来修，诸忍亦如是。

“若得修于智，谓在圣见道，即彼当来修”的含义是：佛教的智慧最初是在见道的修行中获得的。此见道诸智可以在现在修得，同时也可在未来修得。如现在修行的是苦法智，未来修行的也是苦法智，不是诸种忍，也不是其他智。以此类推，道法智的修行也是如此。“诸忍亦如是”的含义是：如果现在修行的是苦法忍，未来修行的也是苦法忍，不是诸种智，也不是其他忍。同理，一切诸忍的修行也是如此。……

于彼三心中，得修于等智，

当知最后心，或修七或六。

“于彼三心中，得修于等智”的含义是：苦比智、集比智及灭比智等见道三心，可以无间隔地修习世俗等智。此时，如果修行者进入未来禅的境界，超越了欲界生死，能修习一地见道，获得二地的世俗等智。一地见道指未来禅境界中的见道，二地世俗等智指未来禅及欲界中的世俗等智。如果修行者进入色界初禅的境界，超越了生死，能修习未来禅和色界初禅的二地见道，获得欲界、未来禅和色界初禅中的三地等智。以此类推，如果修行者进入色界第四禅的境界之中，则能修习六地见道，获得七地世俗等智。……

“当知最后心，或修七或六”的含义是：修行者如果已离欲界，获得了最后的道比智，他于未来时能修习七智，不修世俗等智、尽智和无生智。如果未离欲界，则修习六智，于前七智中除去他心智。……

于彼上修道，十七无漏心，

当知修于七，增益根或六。

以上的修行位在见道之中，自此之后进入修道的修行阶段。“于彼上修道，十七无漏心，当知修于七”的含义是：修行者进入修道后，如果他未离六欲，当他从须陀洹果进入九无碍道和八解脱道等十七无漏心时，可修习七智。不修他心智，因为此时的修行还包摄在未来禅的境界之中，而未来禅不能获得他心智。此时也不能修习尽智和无生智，因为，尽智和无生智只能在无学道的修行中获得，此时的修行却是修道。除他心智、尽智、无生智外，其他七智此时定能修习。如果修行者远离了欲界，则能于现在修一智即世俗等智，能于未来修上述七智。如果修行者远离欲界后又无烦恼，则能于现在分别修习苦法智、集法智、灭法智、道法智中的一智，能于未来修习上述七智。

“增益根或六”的含义是：修行“信解脱”、“见到”等之人，如果处在无碍道中能修六智。除他心智，因为他心智与无碍道相违；除世俗等智，因为无碍道与见道相似；除尽智和无生智，因为此二智是无学道中的智慧。如果修行者处在解脱道中，又未离欲界，也能修习上述六智。如果已离欲界，则能修习七智。所以，颂文中说“增益根或六”。自此之上进一步修行，如果达到非想非非想处的不动境界，当他处在九无碍道时可修七智。除他心智，因为他心智与无碍道相违；除等智，因为等智不是对治的对象；除无生智，因为此时尚未获得此智。当他处在八解脱道时可修八智，增入他心智。当他处在第九解脱道时可修十智圆满。……

原典

得不还果时，及离上七地，

勋修诸神通，解脱修习八。

得阿那含果必得根本禅，故修八智，除尽智、无生智。及四禅三无色，此七地离欲时，九解脱道修八智。若世俗道离欲时，等智现在修，未来八；若无漏道离欲者，是苦等六智一一现在修，未来八。六智者，谓苦比智、集、灭、道比智及灭、道法智也。

勋修禅一解脱道，学修八智，无学修十智。神足、他心智、宿命通一解脱道亦修八智，根本禅摄故。天眼、天耳解脱道无记故不修。

此诸无碍道，及灭第一有，

即彼八解脱，当知修于七。

七地离欲无碍道，及勋修禅二无碍道，学诸通五无碍道，修七智。除他心智，无碍道相违故。第一有离欲，八解脱道修七智，除等智，非对治故。

第一有离欲，无碍道修六，

上乘应当知，修习于下地。

“第一有离欲，无碍道修六”者，第一有离欲九无碍道修六智，除他心智及等智。一切方便道有漏无漏修八智。“上乘应当知，修习于下地”者，若此地离欲即修此地无漏智及下地，谓初禅离欲即修初禅功德及未来，如是乃至第一有离欲修一切地无漏功德。上对治名为上乘。

无学初心中，修于一切地，

无学相似修，或苦习比智。

“无学初心中，修于一切地”者，无学初尽智相应心修九地功德。

问：修何等种无学功德？

答：谓“无学相似修”。若退法者修九地软软功德，乃至如来地修上上功德。

问：无学初心何智？

答：“或苦集比智”。或苦比智，或集比智。生缘故作如是念：我生已尽。此非想非非想处，四阴生缘最后尽故。……

译文

得不还果时，及离上七地，

勋修诸神通，解脱修习八。

不还果即阿含那果。修行者如果获得了阿那含果，肯定是修习“根本禅”的结果，此时他能修习八智，除尽智、无生智。如果修行者在色界四禅和无色界之前三定等七地之中，已离欲界，他将在九解脱道中修习八智。如果他远离欲界是以世俗之道完成的，能于现在修习等智，于未来修习上述八智；如果他是以无烦恼的无漏道远离欲界，则能于现在修习苦比智、集比智、灭比智、道比智、灭法智、道法智等六智中的一智，于未来修习全部八智。

修行者如果修行禅定，在有学的解脱道中修习八智，在无学道中修习十智。如果修习神足、他心、宿命等神通，在解脱道中也修八智，因为上述神通是修习“根本禅”的产物，包括在“根本禅”的修习之中。至于天眼通、天耳通，此二神通在解脱道中不明显，所以不能在解脱道中修习。

此诸无碍道，及灭第一有，
即彼八解脱，当知修于七。

上述色界四禅及无色界三定中的修行者如在无碍道中，以及在无碍道中的习禅者和无碍道中修习五神通者，这些无碍道中的修行者可修习七智，即于前八智中除去他心智，因为他心智与无碍道相违。离欲阿罗汉及八解脱道中的修行可修七智，除等智，因为等智不是它对治的对象。

第一有离欲，无碍道修六，
上乘应当知，修习于下地。

“第一有离欲，无碍道修六”的含义是：修行者如在非想非非想处离欲，在九无碍道中修习六智，除他心智和等智。在一切有无烦恼的方便道中修习八智。“上乘应当知，修习于下地”的含义是：修行者如在此地离欲，能修习此地的无漏智及下地诸智。比如，修行者若在色界初禅中离欲，能修色界初禅及未来禅中的智慧，以此类推，修行者如在非想非非想处离欲，能修一切地的无漏智慧。这就是说，上乘的修行能得下乘智慧，而不是相反。所谓上乘就是以上品的修行对治上品的烦恼。

无学初心中，修于一切地，

无学相似修，或苦习比智。

此下说无学道。“无学初心中，修于一切地”的含义是：修行者如进入与尽智相应的无学道初心之中，能修九地一切智慧功德。

问：什么是九地一切智慧功德？

答：“无学相似修”。进入无学道后，修行者如是退法阿罗汉，能修九地中一切智慧功德的软软品，以此类推，到了如来的境界，则能修九地一切智慧中的上上品。

问：无学道初心中有何等智？

答：有时有苦比智和集比智，有时单有苦比智，有时单有集比智。修行者达到这样的境界后，由于他的“生缘”已灭，心中就有了这样的念头，说“我生已尽”。因为，此时受、想、行、识四阴作为“生缘”终于得到了最后的灭除，修行者终于从众生存在的最后境界非想非非想处中超越出来，不再轮回转生了。……

7 定品第七

原典

已说智，定今当说。

智依于诸定，安不动而转，

是故当思定，勤求见真实。

决定义名智。彼善心正性相续名定。建立义名依。依有二种：共起及次第缘。彼二说名依，依定而立故说依。

诸定智有八种，四法智、四比智。安不动者，不动摇故说不动。转者取缘义。如灯依净油炷离风处光焰甚明，如是智依诸定离于乱风则不动而转。

是故者，说因缘也。定者，智所依，后当说。思者知见义。勤求者，求欲时也。真实者不颠倒，谓四真谛。见者谓无间等，是说真实见，以不离定而起实智故。

问：有几种三昧[1]？

答：决定说四禅，及与无色定。

是中一一说，味净及无漏。

“决定说四禅，及与无色定”者，谓决定智者，略说八种三昧，摄一切三昧。……“是中一一说，味净及无漏”者，一一三昧说三种：味、净、无漏。

善有漏是净，无漏离炽然，

味则爱相应，最上无无漏。

“善有漏是净”者，若善有漏当知是净。

问：善有漏有垢，云何说净耶？

答：烦恼相违故，烦恼不杂故，引导无漏故。“无漏离炽然”者，离烦恼炽然，当知是无漏。彼虽永离烦恼，第一义净当知为差别故立名。“味则爱相应”者，若爱相应定者，当知是味相应。

问：何故爱相应说禅，非余烦恼耶？

答：相似故，一向勋着缘是三昧。余烦恼无有着缘如彼爱者。……

“最上无无漏”者，彼总说故言一一三种，当知第一有唯二种，无无漏，不捷疾故。有二边谓欲界及第一有，圣道离二边名为中道。离二有根本亦如是。

若味相应著者，名味正受。若不味著者，名净正受。若无漏思惟五阴无常等行，当知是无漏正受。……

注释

①**三昧**：梵文 Samādhi 的音译，又译“三摩提”。意译“定”、“正受”、“调直定”、“正心行处”、“息虑凝心”等。指心专注一处而不动不散的状态，即禅定。

译文

前文讲了佛教的智慧，下面讲解佛教的禅定。

> 智依于诸定，安不动而转，
> 是故当思定，勤求见真实。

所谓“智”就是对事物进行本质判断的能力，而“定”则是以性善之心维持智的正确判断，使之相续不断。一切智慧都要以禅定为依据方能成立，所以禅定是智慧的“依”。“依”有两种，一种是智与定同时生起之“依”，一种是智于定后相续而起之“依”。此二种都称作“依”，其含义是诸智依定而有。

从根本上说，一切禅定所生的智慧共有八种，即苦法智、集法智、灭法智、道法智等四法智和苦比智、集比智、灭比智、道比智等四比智。“安不动”的含义是指禅定安住一处，没有摇动。“转”的含义是指禅定取物为观察的对象。打个比方说，就像灯要以干净的灯油灯炷为条件，远离有风之处才能光焰明亮一样，禅定也要远离混乱的心识，一心不动，取固定的某物为观察对象才能完成。

颂文中的“是故”表示原因。“定”是“智”之生起所依据的方法，其种类、内容后文详说。“思”表示认知、了见。“勤求”指在一切时间追求知识的欲望。“真实”指不颠倒的认识，即是苦集灭道四圣谛。“见”指认识主体与客体之间没有间隔，完全相等。此处的“见”指真实之见，也就是依于禅定而起的真实智慧。

问：禅定又名“三昧”，那么有几种三昧呢？

答：*决定说四禅，及与无色定。*

是中一一说，味净及无漏。

“决定说四禅，及与无色定”的含义是：一切能决定智慧的三昧可略说八种，即色界初禅、二禅、三禅、四禅等色界四禅和空无边处定、识无边处定、无所有处定、非想非非想处定等无色界四定。具体的禅定方法虽有多种，但本质上都能包摄在上述八种三昧之中。……“是中一一说，味净及无漏”的含义是：上述八种三昧中的每一种都又分成三种，即味、净和无漏。

善有漏是净，无漏离炽然，

味则爱相应，最上无无漏。

“善有漏是净”的含义是：如果是性善之心的禅定，同时尚未断除一切烦恼，仍有烦恼于禅定之中，这种禅定名为“净”。

问：有烦恼的禅定即使是以性善之心来进行，仍是有垢染的，为什么称之为“净”呢？

答：虽有烦恼，但此时禅定的目的就是要对治有关的烦恼；烦恼于此时不再杂乱无章，已得到治理；而且，这样的禅定能导入无漏禅定之中。由于上述三种理由，我们将此种禅定称作“净”。“无漏离炽然”的含义是：远离一切烦恼烈焰的禅定称作“无漏”。它与“净”有所不同，“净”只断除了部分烦恼，“无漏”则断除了一切烦恼。然而，“无漏”与“净”也有相同之处，它们都是对烦恼的断除，“净”达到极点就是“无漏”。为了区别这两种不同情况，我们于“净”之外另立了“无漏”的名字。“味则爱相应”的含义是：如果禅定与“爱”相关联，在禅定过程中贪爱其观察对象，这种禅定名为“味”。

问：“爱”是烦恼中的一种，为什么与“爱”相关的称作禅定，与其他烦恼相关的不是禅定呢？

答：因为只有与“爱”相关的才有禅定之相。所谓禅定，是指心识一直以固定的某物为观察对象。“爱”具有这样的特征，所以称之为禅定。其他烦恼不能如此，所以不名禅定。……

“最上无无漏”的含义是：上述八种禅定从总体而言各有味、净、无漏三种，但具体来说，非想非非想处的禅定中只有两种，没有“无漏”禅定，原因是“无漏”禅定此时不再迅捷。众生存在有两种边极形式，一种是欲界的存在，另一种是无色界中非想非非想处的存在。佛教的圣道要求人们远离此二边，这就是中道。禅定作为远离二边的根本大法，其目的也是要求人们离开欲界乃至非想非非想处，从一切生命状态中超脱出来。

禅定过程中，修行者会产生一些禅定感受。这些感受如果与“味”禅定相应而起，我们称为“味正受”；如果不与“味”禅定相应而起，我们称之为“净正受”；如果与“无漏”禅定相应而起，思惟五阴无常、苦、空、无我，此种感受我们称之为“无漏正受”。……

原典

问：禅等何性？

答：五支有觉观，亦复有三受，
种种及四心，是说为初禅。

五支者，五支所成。分义是支义，如车有众分。众具义是分义，如王有将士。……彼支者谓觉、观、喜、乐、一心。正受时先粗心法作想名为觉[①]。粗心法相续随转名为观[②]。正受时心悦名为喜。身心离恶故快乐名为乐，是绮息乐，非受乐。于缘心心法不散名一心。有觉有观者，初禅有觉有观。……“亦复有三受”者，彼有三受，谓三识身有乐根，意地有喜根，四识身有舍根。

“种种”者，谓梵天[③]有种种身，有胜有劣，以觉观力生故，有尊长眷属处。“及四心”者，彼有四心，眼识、耳识、身识、意识。“是说为初禅”者，此诸法说初禅。胜一切烦恼故，正观一切境界故说禅。

第二有四支，种种及二受。

第三说五支，此禅亦二受。

“第二有四支”者，内净、喜、乐、一心。“种种”者，彼无种种身，觉观非分故。有种种心，谓根本有喜根；喜息已，眷属舍根现在前；舍息已，复入喜根。“及二受”者，谓喜根及舍根。此诸法说第二禅。

“第三说五支”者，谓念、正知、乐、行舍[④]、一心。念者，于缘不忘记。正知者，止举舍时分别知。乐者，于缘随顺受。行舍者，乐着乐故不受余求。一心者，于缘不散。“此禅亦二受”者，彼亦二受，乐根及舍根。此诸法说第三禅。

离息入息出，第四有四支，

支者谓说善，随事如先说。

“离息入息出，第四有四支”者，第四禅无入息出息，彼正受身毛孔合，四大极密故。四支者，不苦不乐、行舍、净念、一心。不苦不乐者，已离苦乐故。行舍者，不求余事故。净念者，护善根故念，离八上烦恼故净。八上烦恼者，谓四根、觉、观、出入息。……一心者，于缘心不散。

注释

① **觉**：又译“寻”，指较粗陋的思惟能力。

② **观**：又译“思”，指较细密的思惟能力。

③ **梵天**：梵文 Brahmadeva 的意译，指色界四禅天中的初禅天。其中有梵众天、梵辅天、大梵天等三种。

④ **行舍**：略称舍，指远离惛沉、掉举之躁动，住于寂静，保持平等正直之精神作用或状态。此指舍弃常乐我净等行相，与舍根不同。

译文

问：从本性上看，禅定是什么呢？

答：五支有觉观，亦复有三受，

种种及四心，是说为初禅。

禅定有五支，由五分支法构成。比如车有多种部件，国王有许多将帅士卒，禅定也是如此，它是由五种分支法构成的。……其五支是：觉、观、喜、乐、一心。在禅定过程中，修行者先以粗陋之心对所观之物作出外观上的认识，这叫“觉”。继此之后，修行者的认识能力渐趋细致，进一步洞达了所观之物的内在本性，这叫“观”。禅定时心中欢悦的感受名为“喜”，它是因于正确的感知事物而产生的。由于身心离恶而产生的快乐名叫“乐”，它与“喜”不同，不是因为正确地感知事物而产生的，而是因灭除恶行恶业而产生的。心及心法不散不乱，集中一处，名为“一心”。此上所说是色界初禅的五支。颂文中称“有觉观”，是指色界初禅中有觉也有观。……“亦复有三受”是指色界初禅中有三种正受，即喜、乐和舍。色界初禅远离了“香”与“味”，所以在六识之中鼻识和舌识也不再存在。在其余四识中，修行者依于眼识、耳识、身识等三识有乐根，依于意识有喜根，依于全部四识有舍根。

所谓“种种”是指色界初禅中的修行者有多种身形，有胜有劣，胜者如大梵天，劣者如梵众天、梵辅天等。为什么有不同的身形呢？因为他们是以“觉”和“观”的力量而生的，“觉”粗陋，故所生之身劣，“观”细致，故所生之身胜。因此，在色界初禅之中，有的人尊贵为首领，有的人卑贱为下属。“及四心”是指色界初禅中有四种心，即眼识、耳识、身识、意识。“是说为初禅”，由上述内容可以解释色界之初禅。为什么称为禅呢？因为它能战胜一切烦恼，能对一切所观之境进行正确的观察。

第二有四支，种种及二受。

第三说五支，此禅亦二受。

“第二有四支”是说色界第二禅有四支，即内净、喜、乐、一心。内净指色界二禅自性清净，远离了烦恼。所谓“种种”有两层含义，一层指色界二禅中没有种种身形，因为色界二禅无觉无观，所以也就没有由之而生的身形。“种种”的另一层含义是指色界二禅有种种心，如最初有喜根；喜根消失后，有其所属的舍根出现；舍根消失后，再入回到喜根之中。“及二受”即指喜根和舍根。由上述诸法可以解释色界二禅。

“第三说五支”的意思是说色界第三禅也由五支法构成，它们是念、正知、乐、行舍、一心。所谓“念”

是指忆念，就是对所缘之物记忆不忘。“正知”指对禅定过程中的止惑舍惑等活动能分别进行了知。“乐”指随顺所缘之物，于所缘之物心生欢喜。“行舍”指因乐于所缘之物，对其他事物不再追求。“一心”指心集中在所缘之物之上，不散不乱。“此禅亦二受”是说色界第三禅也有两种感受，即是乐根和舍根。由上述诸法解释色界第三禅。

离息入息出，第四有四支，
支者谓说善，随事如先说。

“离息入息出，第四有四支”的意思是说，色界第四禅没有气息的出入，因为，修习这种禅定时，修行者身体上的毛孔已经闭合，地水火风四大以极为紧密的形式结合在一起了。第四禅有四支，即是不苦不乐、行舍、净念及一心。“不苦不乐”是指色界第四禅已远离了苦乐，进入了不苦不乐的状态。“行舍”指仅注意自己的修行，对其他事物不再追求。“净念”是指此时的一切念头都是为了护卫善根而起的，已远离八上烦恼，所以称为“净念”。所谓八上烦恼是指喜、乐、舍、念等四根以及觉、观、出息、入息。……“一心”指心集中在所缘事物之上，不散不乱。

原典

问：初禅二禅何故不立正智耶？

答：喜及觉观乱故不立支种，以是故亦不立念。又不立行舍，猗乐与行舍相违故。乐动，舍沉静。……

问：此禅支有几？

答：禅支名十八，事则有十一，

无色无有支，禅眷属亦然。

“禅支名十八”者，禅支名有十八，初禅五支，第三禅亦尔；第二禅四支，第四禅亦尔。支前已说。“事则有十一”者，初禅五支，名五事亦五。第二增内净，第三增行舍、念、乐、正智，第四增不苦不乐。……

“无色无有支，禅眷属亦然”者，四无色及禅眷属不立支，以苦行故。支所摄禅是乐行，是故说彼地为苦道。若彼立支者，应一切地名乐道。

有觉亦有观，是说未来禅。

禅中间有观，明智之所说。

“有觉亦有观，是说未来禅”者，未至依有觉有观。未至者，是初禅眷属。“禅中间有观，明智之所说”者，禅中间有观而无觉，修行者转寂静故。……已说地，所起功德今当说。

三摩提①与通②，无量③一切处④，

胜处[⑤]及诸智，背舍[⑥]于中起。

彼三摩提者，三三摩提：空、无愿、无相。彼善心平等，故说三摩提。彼空者二种：谓有漏无漏。若有漏者一切法缘，无漏者有漏缘。

此复九种，谓内空、外空、内外空、有为空、无为空、有为无为空、无事空、第一义空、空空。内空者，谓内入空作无我思惟。外空、内外空、有为空、无为空、有为无为空亦如是。无事空者，谓无彼彼物。第一义空者，谓眼起时无所从来，灭时无所至，如是比说。空空者，谓有漏空于无漏空作空空思惟。

无愿亦二种，谓有漏无漏，俱二种缘，随其义说。彼复五种，谓内等三种及有为无愿、无愿无愿。有为无愿者，于有为法以有漏、无漏无愿，作无常等行思惟。余如空说。

无相者，无相有二种，谓有漏无漏。彼复四种，谓于内入数灭以有漏无漏作灭止妙出无相思惟，如是外及内外无相亦无相。无相三摩提《修多罗品》当广说。……

通者六通，《智品》已说。……二无量无恚者，谓慈及悲，是无恚善根性，瞋恚对治故。是处恚者以慈对治，非处恚者以悲对治。……舍无量是无贪善根性。……喜无量是喜根性。……

胜处说有八，前三色背舍，

及八一切处，无贪善根性。

此诸善根，当知无贪性。贪对治故，是有漏意解思惟故。……“背舍中最后，心不相应行”者，想受灭背舍是心不相应行性。……“余则四阴性”者，余功德谓四背舍、二一切处，四阴性除色阴，彼无色故。……

注释

① **三摩提**：即三昧。意译为等持、定、正定、定意、调直定、正心行处等。即将心定于一处（或一境）的一种安定状态。

② **通**：即六神通。

③ **无量**：指四无量：慈、悲、喜、舍。

④ **一切处**：又名遍处，禅定的异名。有十种，称十一切处、十遍处，指在禅定中观察青、黄、赤、白、地、水、火、风、空、识等十法，使其遍于一切处所。

⑤ **胜处**：禅定的异名。指以超胜智慧舍弃贪爱的禅定境界。有八种，称八胜处。

（一）内有色想观外色少胜处，指内心有色想，观内身不净，又观少许外色清净。

（二）内有色想观外色多胜处，指内心有色想，观内身不净，又观众多外色清净。

（三）内无色想观外色少胜处，指已无内心的色想，只观少许外色清净。

（四）内无色想观外色多胜处，指已无内心的色想，唯观众多外色，且以之为清净。

（五）青胜处，观外界事物青的颜色，不加贪爱。

（六）黄胜处，观外境黄色不加贪着。

（七）赤胜处，观外境赤色不加贪着。

（八）白胜处，观外境白色不加贪着。

⑥背舍：禅定的异名。有八种，名八背舍，又名八解脱。（一）内有色想观外色背舍。（二）内无色想观外色解脱。此二者观不净色。（三）净背舍，此观净色。（四）空无边处背舍。（五）识无边处背舍。（六）无所有处背舍。（七）非想非非想处背舍。此四者各依所得之定观察无常、苦、空、无我而舍弃贪爱。（八）灭受想定背舍，指依灭尽定舍弃贪爱。八背舍、八胜处、十一切处合称三法，都以对治贪爱为目标，其中背舍指初入禅定之门时的状态，胜处指进入禅定后的中间过程，一切处指禅定最终所获得的成就。

译文

问：初禅和二禅中为什么没有“正知”呢？

答：喜、觉、观等法的自性较乱，因其自性混乱，常常不能正确认知，所以，初禅、二禅之中不以“正知”为其支法。由于同样的道理，初禅和二禅中也不建立“念”。此外，初禅二禅中也没有“行舍”，这是因为，“行舍”是与“乐”相互抵触的，“乐”以动作为性，“舍”以沉静为怀。……

问：色界四种禅定共有多少种支法？

答：禅支名十八，事则有十一，
　　无色无有支，禅眷属亦然。

“禅支名十八”是说色界四禅表面上共有十八种支法，即初禅五支、二禅四支、三禅五支、四禅四支。十八支的内容如上述。“事则有十一”是说十八支法从实事上看只有十一种。初禅五支，有五支之名，也有五支之实事。第二禅增加“内净”，其他三支与初禅的支法名异事同。第三支增加了“行舍”、“念”、“乐”、“正智”四支，第四禅增加了“不苦不乐”。……

“无色无有支，禅眷属亦然”，“无色”指无色界四定。“禅眷属”指未来禅、中间禅，此二者是禅定所属，故称“禅眷属”。无色界四定及未来禅、中间禅等禅眷属不立支法，因为这些禅定是以苦而行的。禅定如果包摄支法是乐行，无色界四定及禅眷属不立支法，所以它们是苦道。假如无色四定及禅眷属也立支法，则一切境界之中的禅定便都是乐道了。

有觉亦有观，是说未来禅。

禅中间有观，明智之所说。

“有觉亦有观，是说未来禅”，是说“未来禅”中有觉有观。“未来禅”是色界初禅的眷属。“禅中间有观，明智之所说”是指“中间禅”有观而无觉，所以如此，是因为修行者此时已渐趋沉静。……上面谈了禅定的境地，包括色界四禅、无色界四定、未来禅、中间禅等，下面讲述禅定所生起的各种功德。

三摩提与通，无量一切处，

胜处及诸智，背舍于中起。

这一颂文的含义是说禅定能生起“三摩提”、“神通”、“无量”、“一切处”、“胜处”、“十智”、“背舍”等多种功德。其中，三摩提有三种，即空三摩提、无愿三摩提及无相三摩提。所谓三摩提，是指修行者以善心平等地观察所缘的事物。空三摩提分作二种，一种是有漏，一种是无漏。有漏三摩提以有烦恼、无烦恼的一切万法为观察对象。无漏三摩提以有烦恼的事物为观察对象。

空又可分成九种，即内空、外空、内外空、有为空、无为空、有为无为空、无事空、第一义空、空空。所谓“内空”，是指修行者空除内身所有之物，如眼耳鼻舌身意等，并因之思考佛教“无我”的道理。“外空”指修行者空除色声香味触法等外界事物，并因之对佛教“无我”的道理进行思考。内空与外空综合起来，将自身及身外之物全部空除，是“内外空”。“有为空”指空除一切有生灭变化的有为法。“无为空”指空除一切无生灭变化的无为法。有为法和无为法全部得到空除，名“有为无为空”。“无事空”指空除一切事物现象。“第一义空”指绝对的空，如眼识生起时认识到它无所从来，消灭时认识到它去无所去，同样，如果修行者对一切事物的生灭都作这样的思考，他便获得了“第一义空”。“空空”是指修行者运用空的原理对“空”的概念同样进行空的思惟，也就是将“空”予以空除。

无愿三摩提也分成两种，一种是有漏，一种是无漏。所谓有漏和无漏，是指修行者禅定时的观察对象不同。无愿三摩提还可分成五种，即内无愿、外无愿、内外无愿、有为无愿、无愿无愿。“有为无愿”指修行禅定时修行者以一切有烦恼、无烦恼的心识对一切有为法不作愿求，思考有为法无常、苦、空、无我等特性。其他四种无愿参考“空”的解释即可得知，不再另行解释。

无相三摩提也可分作有漏、无漏两种。又可分作四种，即内无相、外无相、内外无相、无相无相。“内无相”指修行者于自身之内的事物进行思惟，认识到此一切事物无自相，必要灭除，止断，从中出离。“外无相”、“内外无相”、“无相无相”也是如此，不同之处在于，“外无相”思考的是修行者身外的事物，“内外无相”思考的是修行者自身及身外的事物，“无相无相”思考的是无相本身。对于无相三摩提，我们将在《修多罗品》中详细解说。……

现在说“神通”，神通有六种，即他心通、宿命通、神足通、天眼通、天耳通、漏尽通。此六种神通由禅定产生，已在《智品》中作过说明。……下面说“无量”，“无量”有四种，即慈无量、悲无量、舍无量、喜无量。

本性上看，“慈无量”和“悲无量”能对治烦恼中的瞋恚，所以本质上是善根中的“无恚”。……“舍无量”本质上是善根中的“无贪”。……“喜无量”本质上就是善根中的“喜根”。……

> 胜处说有八，前三色背舍，
>
> 及八一切处，无贪善根性。

所谓“胜处”分成八种，“一切处”分成十种，

“背舍”分成八种。八胜处是：“内有色想观外色少胜处”、“内有色想观外色多胜处”、“内无色想观外色少胜处”、“内无色想观外色多胜处”、“青胜处”、“黄胜处”、“赤胜处”、“白胜处”。十一切处是：青、黄、赤、白、地、水、火、风、空、识。八背舍是：“内有色想观外色背舍”、“内无色想观外色背舍”、“净背舍”、“空无边处背舍”、“识无边处背舍”、“无所有处背舍”、“非想非非想处背舍”、“灭受想定背舍”。在上述禅定所起的诸法中，八胜处、八背舍中的前三种以及十一切处中的前八种，本质上就是善根中的“无贪”，因为它们所作的各种思惟与理解，都以对治贪爱为目的。……八背舍中的最后一种即“灭受想定背舍”，本质上属于心不相应行法。……其他四种背舍、二种一切处本质上就是受、想、行、识四阴，不是色阴，因为它们已远离了物质性的色法。……

8　修多罗品第八

原典

问：世尊说界，此云何？

答：二十说欲界，色界或十六，

　　无色界有四，处所次第说。

“二十说欲界”者，谓八大地狱[①]、畜生、饿鬼、四天下[②]、六欲天[③]，此二十说欲界。此诸众生以欲受身，……是故说欲界。

“色界或十六”者，谓梵身[④]、梵富楼[⑤]、少光[⑥]、无量光[⑦]光音[⑧]、少净[⑨]、无量净[⑩]、遍净[⑪]、无荫[⑫]、福生[⑬]、果实[⑭]、无烦[⑮]、无热[⑯]、善见[⑰]、善现[⑱]、色究竟[⑲]，此十六处说色界。有欲令十七，如前十六及大梵[⑳]。彼众生受色身……是故说色界。

“无色界有四”者，谓空处[㉑]、识处[㉒]、无所有处[㉓]、非想非非想处[24]。此处众生不受色身，离色欲故名无色界。……

问：世尊说缘起，彼有何相？

答：烦恼及业事，彼随次第生，

当知是有支，众生一切生。

三分缘起支，谓烦恼、业、事。此烦恼、业及事，于彼彼生次第起，名缘起支，当知是缘起支。

此诸分建立，谓众生受生，

过二及未生，中间说于八。

“此诸分建立，谓众生受生”者，于此三分缘起说十二支[25]。

问：此云何？

答：“过二及未生，中间说于八”。彼过去生时诸烦恼分说无明。过去生时业说行。现在相续说识。彼相续已六入分未满说名色。诸根满分说六入。未能分别苦乐不苦不乐根尘识合说触。

分别苦乐分齐而未能分别烦恼分齐说受。乐受于可爱不可爱，若离若合愚爱生，说爱。现在广生烦恼说取。更生后有说有。现在有种未来阴生说生。未来阴熟说老。未来阴舍说死。

三有支烦恼，二业事则七，

七名前有支，五则说后分。

“三有支烦恼，二业事则七”者，谓无明、爱及取三有支，是烦恼。行及有二支是业，余支说事。“七名前有支，五则说后分”者，当知从无明至受七支，是名前缘起，余五支说后缘起。

前支五说果，余二则为因。

后支三说因，余二则为果。

前缘起从识乃至受是果，无明、行是因。后缘起前三支说因，后二支说果。……

注释

① **八大地狱**：又称八热地狱。（一）等活地狱，（二）黑绳地狱，（三）众合地狱，（四）号叫地狱，（五）大叫地狱，（六）炎热地狱，（七）大热地狱，（八）无间地狱。地狱是佛教世界模式的组成部分之一。

② **四天下**：即四大部洲。指南赡部洲、东胜身洲、西牛货洲、北俱卢洲。佛教将位于地上的世界分成四部，称四大部洲或四天下。

③ **六欲天**：指三界中欲界存在的六种天。（一）四王天，此天有持国、广目、增长、多闻四大天王，故称四王天。（二）忉利天，汉译“三十三天”。此天以帝释为中心，四方各有八天，总数为三十三，故称三十三

天。（三）夜摩天，译作“时分天”。（四）兜率天，译作“喜足天”。（五）乐变化天，能变化自在，故名。（六）他化自在天，能使他人变化自在，故名。此六天在欲界之中，所以称六欲天。

④ **梵身**：即梵众天，梵文 Brahmapariṣadya 的意译，色界初禅天之第一天。

⑤ **梵富楼**：即梵辅天，梵文 Brahmapurohita 的音译，色界初禅天之第二天。

⑥ **少光**：即少光天，梵文 Parittābha 的意译，色界第二禅天的第一天。

⑦ **无量光**：即无量光天，梵文 Apramāṇābha 的意译，色界第二禅天中的第二天。

⑧ **光音**：即光音天，梵文 Ābhāsvara 的意译，色界第二禅天中的第三天。

⑨ **少净**：即少净天，梵文 Parittaśubha 的意译，色界第三禅天中的第一天。

⑩ **无量净**：即无量净天，梵文 Apramāṇaśubha 的意译，色界第三禅天中的第二天。

⑪ **遍净**：即遍净天，梵文 Śubhakṛtsna 的意译，色界第三禅天中的第三天。

⑫ **无荫**：又译“无云天”，梵文 Anabhraka 的意译，色界第四禅天中的第一天。

⑬ **福生**：即福生天，梵文 Puṇyaprasava 的意译，色界第四禅天中的第二天。

⑭ **果实**：又译“广果天”，梵文 Bṛhatphala 的意译，色界第四禅天中的第三天。

⑮ **无烦**：即无烦天，梵文 Atapa 的意译。自色界第四禅证入不还果后，所生之处有五天，称五净居天。无烦天是其中的第一天。

⑯ **无热**：即无热天，梵文 Sudṛśa 的意译，五净居天中的第二天。

⑰ **善见**：即善见天，梵文 Sudarśana 的意译，五净居天中的第四天。

⑱ **善现**：即善现天，梵文 Subhūti 的意译，五净居天中的第三天。

⑲ **色究竟**：即色究竟天，梵文 Akaniṣṭha 的意译，五净居天中的第五天。

⑳ **大梵**：即大梵天，梵文 Mahābrahmā 的意译，色界初禅天中的第三天。

㉑ **空处**：即空无边处，梵文 Ākāśānantyāyatana 的意译，无色界四天中的第一天。

㉒ **识处**：即识无边处，梵文 Vijñānānantyāyatana 的意译，无色界四天中的第二天。

㉓ **无所有处**：梵文 Ākiñcanyāyatana 的意译，无色

界四天中的第三天。

㉔ **非想非非想处**：梵文 Naivasaṃjñānāsaṁjñāyatana 的意译，无色界四天中的第四天。以上四种与《定品》所说的四无色定名称虽然相同，所指的内容则不同。前者指禅定，是原因；后者指修习禅定所生的天处，是结果。

㉕ **十二支**：又名十二支缘起，指众生生死轮回的十二个阶段，包括无明、行、识、名色、六入、触、受、爱、取、有、生、老死。说一切有部从过去、现在、未来三世中解释因果轮回，轮回是永恒不断的，若截取其中的一个过程，则过去世的烦恼是轮回产生的原因，所以在十二支缘起中列为第一支，称作无明。无明导致众生身口意活动，是为第二支行。行就是业，过去世的业招引现在世的生，首先是识转生，所以第三支称识。此后，心身逐渐发育称名色。眼耳鼻舌身意发育成熟称六入。因眼等六根与外物相接有触。因触有苦乐感受名受。因乐受而贪爱名爱。因爱而执着追求名取。因取而有身口意一切活动名有。自识至有属现在世，此有即是有烦恼，以它为业因，又能导致未来世的生以及老死，从而进入下一个轮回过程。

译文

问：佛世尊说有三界，什么是三界？

答：二十说欲界，色界或十六，

无色界有四，处所次第说。

佛世尊所说的三界指欲界、色界、无色界。“二十说欲界”是指欲界中包括二十种处所，即八大地狱、畜生、饿鬼、四大部洲、六欲天。此中的众生欲望强劲，因欲望而招有报身，……所以称为欲界。

“色界或十六”是指色界中包括有十六种众生，即梵众天、梵辅天、少光天、无量光天、光音天、少净天、无量净天、遍净天、无荫天、福生天、果实天、无烦天、无热天、善见天、善现天、色究竟天。有人将大梵天归于其中，构成色界十七天。此中的众生有物质性的色身形体，……所以称作色界。

“无色界有四”是说无色界众生有四种，即空无边处、识无边处、无所有处、非想非非想处。此处的众生没有物质性的色身，已远离一切形色和欲望，只是一种心识的存在，所以称为无色界。……

问：佛世尊说有缘起，缘起有什么相状特征？

答：烦恼及业事，彼随次第生，

当知是有支，众生一切生。

一切事物都是随各种条件而生起的，这就叫“缘起”。“缘起”可以分成三个部分，即烦恼、业及事。“烦恼”是缘起的原因，一切事物的缘起首先都由烦恼而招引。“业”是因烦恼而引发的一切造作活动。“事”是因业而招致的果报。由烦恼而有业，由业而招致事，一切事物都是按照这样的顺序而生起的，所以，烦恼、业和事称作缘起支，即是缘起的分支法。

此诸分建立，谓众生受生，
过二及未生，中间说于八。

“此诸分建立，谓众生受生”的含义是：上述三支全部存在了，众生便受生成形，进入了生死轮回的过程之中。在轮回过程中，上述三支又可详细分成十二支。

问：十二支是什么？

答：“过二及未生，中间说于八”。如果将众生轮回的过程分成过去、现在、未来三世，则过去世有两支，现在世有八支，未来世有二支。众生在过去世时的一切烦恼称作“无明”，无明是缘起十二支中的第一支。过去世时众生造作的诸业称作“行”，是为第二支。由过去世的业招致现在世的投胎转生，称作“识”，是为第三支。转生后眼耳鼻舌身意六根渐渐增长，但未发育完全，称“名色”，是为第四支。六根发育成熟时称“六入”，是为第五支。六根成熟后开始认识外界事物，但尚不能分别苦、乐、不苦不乐诸种感受，此时称为“触”，是为第六支。

能分别苦乐但不能区别烦恼与非烦恼的不同，此时称作“受”，是为第七支。有了苦乐感受，因而贪爱可爱之物，厌弃不可爱之物，此时称作“爱”，是第八支。于现在世中产生各种烦恼，名为“取”，是第九支。由现在世烦恼造作诸业，招引未来世的生死，此时名为“有”，是第十支。以现在世诸业为种子，招致未来世五阴的生，称作“生”，是第十一支。未来世五阴成熟称作“老”，未来世五阴离散称作“死”，“老死”是第十二支。一切众生皆以此十二支为次序，处于不断的生死轮回之中。

三有支烦恼，二业事则七，

七名前有支，五则说后分。

“三有支烦恼，二业事则七”的意思是说，“无明”、“爱”、“取”三支在烦恼、业、事三支中是烦恼；“行”和“有”二支是业；其他七支是事，即是由业而招致的果报。“七名前有支，五则说后分”的意思是说，此三世十二缘起支可分成前后两个缘起阶段，从“无明”到“受”，此七支是前缘起，其余五支是后缘起。

前支五说果，余二则为因。

后支三说因，余二则为果。

缘起即分前后两重，每一重缘起中则各有因果。前缘起中，从“识”至“受”五支是果，“无明”和“行”二支是因。后缘起中，“爱”、“取”、“有”三支是因，“生”、“老死”二支是果。由此，十二缘起支有三世两重因果。……

9　择品第十

原典

中阴《择品》当广说。

问：为定为不定？

答：界趣地必定，中阴五无碍，

说名为香食，求有乘意行。

“界趣地必定”者，中阴界趣地不转，欲界中阴必生欲界，色界生色界；如是地狱趣生地狱，乃至人趣生人，四天王生四天王，乃至阿迦腻吒天①亦如是。“中阴五”者，中阴五阴性，有去来故。非离色有去来，是故欲色界有中阴，非无色界，色非分故。“无碍”者，极微故，一切形障不能碍。业力故住胎，若异者不应住胎。

“说名为香食，求有乘意行”者，以香为食故说香食。若薄福者食诸秽香，若大力者食诸净香。求于生有故说求有。从意生故说乘意行。此诸众生或业生[②]，谓地狱，如所说彼诸众生业所缚；或烦恼生[③]谓人及欲界天；或报生[④]，谓飞鸟；或从意生[⑤]，谓色无色及劫初人[⑥]、化[⑦]及中阴。二有中间起离趣故，是故说中阴。

问：中阴几时住？

答：七日或七七，乃至彼和合，

或裸形食香，诸根悉具足。

"七日"者，有说中阴七日住，身羸劣故。……"七七"者，有说七七日住。"乃至彼和合"者，有说不定，乃至未和合间常住。

问：中阴有衣无衣？

答：或裸形，色界中阴有衣，色界惭愧增故。如彼法身不裸形，生身亦尔。欲界菩萨及白净比丘尼中阴有衣。余众生无衣，无惭愧增故。

问：中阴何食？

答：香食。欲界中阴以香为食，前已说。色食离抟食，贪身极微故，唯三种食。

问：具诸根不？

答："诸根悉具足"。中阴具诸根，何以故？中阴报淳故，又彼众生求有故，于六入门常求有。

问：形为云何？

答：随行量不定，或有见不见，

入则从生门，或生颠倒想。

“随行”者，各如其趣，地狱中阴如地狱形，乃至人天如人天形。

问：中阴云何行？身量云何？

答：“行量不定”。中阴行及身量不定。地狱中阴足上头下而行，天中阴上升如箭射空，余中阴侧身傍去。……量者，色界中阴量如本有，欲界菩萨中阴亦如本有，三十二相[⑧]庄严其身，是故菩萨中阴光明彻照百亿天下。言白象身入母胎者不然，已离畜生故。……欲界余众生身量如有知小儿形，诸根猛利故。以颠倒想入胎。

问：中阴中阴为相见不？

答：“或有见不见”。或中阴以中阴为境界，不一切。有说地狱中阴见地狱中阴，如是一切。又说：地狱中阴见地狱中阴，畜生见二趣，饿鬼见三趣，人见四趣，天见五趣。生阴眼则不见，若天眼[⑨]极清净者能见。

问：从何处入胎？

答：“入则从生门”。彼从生门入。……

问：以何想入胎？

答：“或生颠倒想”，非一切众生颠倒想。彼作是念：若无此男者与此女会，想见男去而与女会，见彼精时而谓己有，即生观喜，生观喜故阴则渐厚，阴渐厚已，依母右胁向背蹲坐。女则相违说。……

注释

① **阿迦腻吒天**：即色究竟天。

② **业生**：指众生因前世业力而生。

③ **烦恼生**：指众生因烦恼而生。

④ **报生**：指众生不经修习，得于先天而生。

⑤ **意生**：指众生因意识活动而生。

⑥ **劫初人**：指世界刚成劫时存在的人。

⑦ **化**：即化生，佛教四生之一，指无所依托忽然而起的众生。

⑧ **三十二相**：诸佛菩萨的肉身有三十二种异于常人的特征，称三十二相。据《三藏法数》记载三十二相是：（一）足安平相。（二）千辐轮相，指足下有车轮状的身纹。（三）手指纤长相。（四）手足柔软相。（五）手足缦网相，指手指足指之间网络相连，呈鸭鹅等脚蹼的形状。（六）足跟满足相，指脚跟丰满。（七）足趺高好相，指脚背丰满隆起。（八）腨如鹿王相，指腿股的肉细嫩圆满。（九）手过膝相。（一〇）马阴藏相，指

阴根密藏体内，如马阴。（一一）身纵广相，指两臂平伸与身高相等。（一二）毛孔生青色相，指每一毛孔生一青色体毛。（一三）身毛上靡相，指体毛向上盘旋偃伏。（一四）身金色相。（一五）常光一丈相，指身放光明四面各长一丈。（一六）皮肤细滑相。（一七）七处平满相，指两足底两掌两肩头顶丰满。（一八）两腋满相。（一九）身如狮子相，指身体平正威严如狮子。（二〇）身端直相。（二一）肩圆满相。（二二）四十齿相。（二三）齿白齐密相。（二四）牙白净相。（二五）颊车如狮子相，指两颊隆满如狮子。（二六）咽中津液得上味相，指咽喉中常有津液，一切食物因此变成美味。（二七）广长舌相。（二八）梵音深远相，指佛的声音清净而能及远。（二九）眼如绀青相。（三〇）眼睫如牛王相。（三一）眉间白毫相。（三二）顶成肉髻相。

⑨**天眼**：五眼之一，是天趣众生之眼，故名天眼。能知远近一切有形的色法，又能看清众生未来生死之相。

译文

现在对“中阴”进行详细解释。

问：中阴是固定的，还是非固定的？

答：界趣地必定，中阴五无碍，

说名为香食，求有乘意行。

“界趣地必定”是说中阴在三界、六趣及地中是固定的，不能跨越。也就是说，欲界中阴必生于欲界之中，色界中阴必生于色界之中；地狱中阴必生为地狱，人的中阴必转生为人，四天王的中阴必转生为四天王，乃至色究竟天的中阴必转生为色究竟天。“中阴五”是指一切中阴皆以五阴为性，即都是由色、受、想、行、识五阴和合而成的。这是因为中阴是有来有去的，中阴的来去离不开色，所以只有欲界、色界中有中阴，无色界中无中阴。因为色法在无色界中是不存在的。“无碍”是说中阴不能为其他事物所阻碍，因为它非常细微，一切有形之物都不能障碍其来去运动。中阴因自身的业力而转生，转生时住于母胎之中。假如没有业力，中阴便不能转生住胎。

“说名为香食，求有乘意行”是说，中阴以香气为食物，所以又称“香食”。其中，福德浅薄者食污秽之香，福德广大者食清净之香。一切中阴都力图从“中有”位中生到“生有”位中，这就是“求有”。一切中阴转入“生有”位时，都是随自身的意愿而生的，所以说为“乘意行”。一切众生其生存的形式有四种，一是业生，即以业为力招果而生，如地狱，我们常说地狱众生为各种恶业所缚。二是烦恼生，即因烦恼而生存，如众生中的人和欲界诸天。三是报生，指不经修习，得于先天而生，如飞鸟。四是意生，即因意识的活动而生，如色界诸天、无色界诸天、劫初之人、化生众生及中阴，此类众生都是“意生”的产物。什么是中阴呢？所谓中阴就是众生位于“死有”和“生有”之间，不在六趣轮回过程之中的存在状态。

问：中阴能存在多久？

答：七日或七七，乃至彼和合，

或裸形食香，诸根悉具足。

有人认为，中阴身体虚弱，所以只能存在七天。……有人则认为中阴能存在七七四十九天。另外有人认为，中阴存在的时间不定，众生“死有”之后，直到父母和合时转为“生有”，此段时间内中阴是一直存在的。

问：中阴的身体是否穿有衣服呢？

答：有些中阴是裸体的，但色界中阴有衣服，因为色界众生的惭愧之心已得增长。众生如其法身不裸体，其生身也不裸体。欲界菩萨及清净比丘尼的中阴有衣服，不裸体。其他众生的中阴无衣裸形，因为他们的惭愧之心尚未增长。

问：中阴以何为食物？

答：以香为食。如前所述，欲界中阴以香为食。食有四种，抟食、乐食、念食、识食。欲界中阴有上述四种食的形式，色界中阴由于对身体的贪爱已渐趋微弱，所以没有抟食，只有其他三种形式的食。但无论是何种形式，所食之物皆为香气。

问：中阴是否具足眼耳鼻舌身意诸根？

答："诸根悉具足"。中阴具足诸根。为什么呢？因为中阴也是一种果报，而且其果报非常淳厚圆满。还因为众生的中阴具有追求"生有"的意愿，而只有依靠眼耳鼻舌身意六根，中阴才能转入"生有"位中。所以，中阴具足诸根。

问：中阴的身形如何？

答：随行量不定，或有见不见，

　　入则从生门，或生颠倒想。

"随行"指众生的中阴与其所属的六趣的形状相同，如地狱的中阴与地狱形状相同，畜生的中阴与畜生形状相同，饿鬼中阴与饿鬼的形状相同，人的中阴与人的形状相同，天的中阴与天的形状相同。

问：中阴如何行走？身体大小如何？

答："行量不定"。中阴行走的方式与身量的大小各不相同。地狱中阴头下脚上而走，天的中阴向上行走，如箭射空中，其余的中阴身体侧立，左右行走。……中阴的身量大小不等，色界中阴的身量与“本有”位大小相同，欲界菩萨的中阴也是如此，与“本有”位的身量相等。此外，欲界菩萨的中阴和其自身一样，也有“三十二相”，身放光明，彻照百亿天下。有一种说法认为菩萨以白象的身形进入母胎中投生，这是不对的，因为白象于六趣中属畜生，而菩萨早已远离了畜生道。……其他欲界众生的中阴，其身量与有知小儿的身量相等，并具足诸根，诸根的能力也非常猛利。中阴入胎时，其心念是颠倒的。

问：中阴与中阴能否互相看见呢？

答：“或有见不见”。有人认为众生的中阴能分别看见部分中阴，不能看见一切中阴。这种看法认为，地狱中阴能见地狱中阴，畜生中阴能见畜生中阴，饿鬼中阴能见饿鬼中阴，人中阴能见人中阴，天中阴能见天中阴。另有一种看法认为，地狱中阴只见地狱中阴，畜生中阴能见地狱、畜生二种中阴，饿鬼中阴能见地狱、畜生、饿鬼三种中阴，人中阴能见地狱、畜生、饿鬼、人四种中阴，天中阴能见全部五种中阴。众生的肉眼看不到中阴的存在，如果获得天眼并极为清净，就能看到中阴的存在。

问：中阴自何处入胎转生？

答：“入则从生门”。中阴从众生出生的地方进入母胎之中。……

问：中阴入胎时有什么想法？

答："或生颠倒想"。有些中阴入胎时心念颠倒，但不是一切众生的中阴都心念颠倒，如菩萨。一般的凡夫中阴看到男女交媾之时，心中想象男方离去，由自己与女方和合，即生观喜之心，产生观喜心后，五阴渐增渐厚，增厚到一定程度，便依附于母胎之中，靠近右胁，面向母体的背面蹲坐下来，转生为男。相反则转生为女。……

原典

问：几种萨婆多[①]？

答：一种异分别，或有说相异，

或说分分异，或复说异异。

此四种萨婆多。"一种异分别"者，彼说诸法随世转时，分异非事异，如乳变为酪，舍味力饶益不舍色，如金银器破已更作余器，舍形不舍色。法从未来至现在亦如是。当知此是转变萨婆多。

"相异"者，过去法与过去相合，不离未来、现在相。如人着一色非不着余，彼亦如是。此说有过。若过去诸法不离未来、现在相者，竟何所成亦成合义？若尔者则世乱。如人着一色，于一色爱着亦行亦成就，于余成就而不行。是故说彼世乱，譬亦相违。

分分异者，说诸法随世转时，分分异非事异。此则不乱建立世，何以故？业别故。谓法未作业说未来，作业说现在，作业已说过去。

彼异者，彼说诸法随世转时，前后相待，非事异亦非分异。如一女人亦名女亦名母，前后相待故。谓观女则知母，观母则知女。此最乱建立世。彼说过去世一刹那有三世，说言观前起相名未来，观后起相名现在。

注释

① **萨婆多**：梵文 Sarvāstivādāḥ 的音译，意译“说一切有部”、“一切有部”，简称“有部”。小乘佛教部派之一。本书的思想即是论证说一切有部的学说。

译文

问：说一切有部之内有几种学说？

答：一种异分别，或有说相异，

　　或说分分异，或复说异异。

说一切有部内有四种不同的学说。“一种异分别”，这种学说认为：一切万法在过去、现在、未来三世中运转时，所不同的是其分位，而不是事物自身，比如牛奶经过加工变成奶酪，所除掉的只是牛奶的气味力道，不是牛奶本身；又如金银器皿打破之后改铸成其他形状，所舍弃的只是原有的形状，不是金银自身。诸法也是如此，它从现在到过去、从未来到现在，所变化的只是在三世中的分位，其自身是不会改变的，是永远存在的。这种说法是说一切有部的“转变说”。

“或有说相异”，这种说法认为，一切诸法的变动原因在于“相”的不同。如诸法与过去世的“相”结合是过去世法，与现在世的“相”结合是现在世法，与未来世的“相”结合是未来世法。这种学说还认为，诸法虽与三世中的一世之“相”结合而有过去、现在、未来之别，但任何一世之法都不能完全离开其他二世之“相”，如过去法不离未来及现在世相，现在法不离过去及未来世相，未来法不离过去及现在世相，因此，一切诸法永恒存在。他们还以譬喻进行论证，认为就像人拥有一种色法的同时也会有其他色法一样，一切诸法也是如此，当它与三世中的一世之“相”结合时，不能离开其他二世之“相”。实际上，这种说法是错误的。如果过去世法不离未来及现在世“相”，那么，诸法与“相”到底是怎么结合的呢？过去、现在、未来三世不就混乱不分了吗？我们说人着一色，意思是说他不仅拥有此一色法，同时还能认识此一色法。所以，当人爱着一种色法之时，他虽然同样拥有其他色法，却不能认识其他色法。从这种意义上说，人有了一种色法，便不再有其他色法。因此，这种说法共有两个错误，一是造成了三世的混乱，二是譬喻不当，不能论证自家的命题。

“或说分分异”，第三种学说认为，一切诸法在三世间运动之时，所不同的只是诸法的“分分”，不是诸法自身。这种学说没有打乱三世。为什么呢？因为它用“业力”将诸法分成了三世，诸法尚未作业是未来世，正在作业是现在世，作业之后是过去世。

“或复说异异”，第四种学说认为，诸法于三世间运动之时，前后相待而有所不同，而不是诸法自身有了变化，也不是诸法的分位有了差别。比如，一个女人可以同时称为“女儿”或“母亲”，那是因为她所面对的对象前后不同，对于自己的女儿来说她是母亲，对于自己的母亲来说她便是女儿了。这种学说对三世的说法最为混乱，认为在过去世一刹那之间仍有三世，对于以前所起的诸相来说是未来，对于以后将起的诸相来说是现在。

原典

问：诸师说谛无间等各各异，萨婆多及婆蹉部[1]说次第谛无间等，昙无得[2]等说一无间等，何者为实？

答：今当以五支[3]如实说。

次第无间等，智谛异相故。

见瓶不见衣，是故彼亦然。

修行者先苦无间等，后乃至道。

问：何故？

答："智谛异相故"，苦集灭道智各异相。行别故，若行是苦智，此行非余智。若不尔者，无四智建立。谛亦异相，彼逼迫是苦相，生起是集相，寂灭是灭相，出离是道相。非不异智异相谛一无间等。譬如见瓶时不见衣，以瓶衣异相故。以异相故，见瓶不见衣，见衣不见瓶。彼亦如是，于异相谛见苦时不见余，如是一切，是故次第无间等。

说一无间等者，彼说于谛一无间等。何以故？信圣贤故。如世尊说：比丘于苦无疑，集亦无疑，灭道亦如是。如灯俱作四事：热器、烧炷、油尽、破暗。如是一智知苦乃至修道，是故一无间等。彼说智谛异相者不然，一相故。一切慧一智相，于一切法境界作无我行。如世尊说：一切法无我，智慧者能见，彼厌于苦时，是即道清净。谛相亦如是说。瓶衣异相者，此亦不然。何以故？自相无间等非分故。共相境界无间等非自相，谓色等五阴坏相共境界，智一无间等。若异者则自生过。

次第无间者言：汝言圣贤说者，此则密语，此说有余义。如世尊说若苦无疑于一切无疑，为彼疑行故说。若彼苦无间等生，彼疑至竟不行，非数灭故。为除有余说故世尊说。

《给孤独修多罗》如是说言：长者于四圣谛次第无间等，如是广说。所说如灯者，灯有多性多业过，我不取灯事。若分别时灯舍自名，前已说。彼明色入摄力能破暗，彼热触入摄能作余事。若不尔者坏决定义。慧亦如是，若言同者则有过，若言一相者，此亦不然，行异故。

无常行智异，苦空无我等行智亦各异，如是比，若不尔者无解脱门，不坏行是解脱门。如汝说缘一切法作无我等行，以顿观一切法故，此则不定思惟分。定思惟行各别谛缘，是故不应说彼厌于苦时是即清净道，不可以厌行源于灭道，灭道是可乐事故。一切缘者不通，一切相违故。……

注释

① **婆蹉部**：梵文Vatsiputriya的音译，意译犊子部。小乘佛教部派之一。约于佛灭二百年间自说一切有部中分出，主张有一种非即五阴非离五阴的实我，与佛教的无我思想相违，所以一般被称为外道。

② **昙无得**：梵文Dharmaguptāḥ的音译，意译“法藏部”、“法护部”，小乘佛教部派之一，约于佛灭三百年间自化地部分出，因创立者名叫法藏，故称法藏部。

③ **五支**：指宗、因、喻、合、结。是古印度因明学（逻辑）的基本论证方法。

译文

问：佛教有苦集灭道四谛，不同派别对四谛的认识过程有不同的看法，如说一切有部和犊子部认为四谛以次第渐观，法藏部则认为是一时顿见，哪一种看法是正确的呢？

答：对此，我们运用因明的论证方法进行如实的解说。

次第无间等，智谛异相故。
见瓶不见衣，是故彼亦然。

修行者对四谛的认识过程是渐观，即先观苦谛，最后再观道谛。

问：为什么？

答："智谛异相故"。因为苦智、集智、灭智、道智各不相同，所以四谛应渐观。又因为苦集灭道四智的认识各不相同，假如是苦智的认识活动，便不是其他诸智的认识活动，否则，如果不是这样，那就不需要有四智了。因此，四谛应当渐观，不能顿见。另外，四谛也各有自身的形相特征，逼迫是苦谛的特征，生起是集谛的特征，寂灭是灭谛的特征，出离是道谛的特征。由于四谛各具特性，所以不能于一时顿见，只能渐观。总之，由于四谛、四智及四智的认识活动各不相同，互有差别，所以对四谛的认识只能渐观，不能顿见。打个比方，如人看到瓶子的时候，就看不到制造瓶子的原料，因为瓶子与造瓶的原料具有不同的特性。由于它们的性质不同，所以见到瓶子就见不到瓶的原料，见到瓶子原料就见不到瓶子。对四谛的认识也是如此，由于它们各有自身的相状特征，所以，见到苦谛之时便见不到其他三谛，见到其他诸谛也是如此，所以，对四谛的认识是有顺序的渐观，不能顿见。

法藏部主张四谛一时顿见，也有自己的立论根据。它的立论根据是什么呢？就是对佛教圣人的绝对信从。

比如佛陀曾经说过：如果比丘于佛教的苦谛不再怀疑，则他对集谛、灭谛、道谛也就不再怀疑。这就好比一灯能热器皿、成光炷、燃烧油、破黑暗，能作上述四事一样，人们对四谛的认识也是如此，以同一种智慧便能知苦、习集、证灭、修道，所以，对四谛的认识是一时顿见的。法藏部不同意说一切有部的四谛、四智特征各不相同的看法，而是认为一切智慧等同一相，皆以智能为特征，能思考一切万法无常、苦、空、无我。世尊曾说过："一切法无我，智慧者能见，彼厌于苦时，即见道清净。"意思是说，获得佛教智慧的人能认识到一切万法无我的道理，当他认识到苦谛的同时，也就认识了道谛，进入了清净的修习之中。由此可见，佛教的智慧是完全相同的，没有特征上的区别。与智慧同样，佛教的四谛也是如此，等同一相，没有特性上的不同。法藏部还认为，说一切有部用瓶和造瓶原料的性质不同作例证也是不对的。为什么呢？因为事物的性质有自性和共性之别，自性是不能区分的，所以应是一时顿见的；共性是多种事物的共同特征，与自性不同，但也是一时顿见的，如色受想行识五阴共有的坏灭之相，智慧能同时以之为认识对象，所以，事物的共性也应一时顿见。否则，如果将事物的性质分成不同的种类，因而主张次第渐观，便难以自圆其说。

主张四谛次第渐观的说一切有部则认为，法藏部过于相信前人的言教。他们以佛的话语为立论之本，而佛的话语却经常是秘密语，除其表面的含义之外，还有着深层的别的含义。比如佛曾说，修行者若于苦谛不再怀疑，则能于一切四谛不再怀疑。实际上，佛的这句话指的是怀疑的产生，其含义是，如果修行者认识了苦谛之理，当其达到极点之时，则对一切佛教真理都不再产生怀疑，原因是怀疑产生的条件此时已不再存在了。所以，佛所说的那句话并不是说四谛能于一时顿见，而是说对四谛的怀疑已不再有生起的条件。怀疑不起与正知正见终究不是同一件事，所以，佛之所说并不能论证四谛一时顿见，他所以这样讲，不过是为防止其他错误说法而已。

此外，佛在《给孤独修多罗》经中曾说：给孤独长者以次第逐渐认识了佛教四谛，如此等等。法藏部既以佛之言教为立论之本，又何以不顾佛的这种说法呢？再看法藏部所说的比喻，他们以灯为例，喻证四谛一时顿见，实际上他们所讲的灯具有不同的性质、不同的功用，可以说是几种不同的事物，所以，对他们的这个比喻，我们实在不敢苟同。因为，假如像他们那样将灯进行分别，那样的灯实际上已很难说是灯了。比如，它的光亮实际上是“形色”，所以能破除黑暗；它的热力实际上是“触觉”，所以能温热器皿。总之，那样的灯实际上是多种不同事物，不承认这点，就会违背我们对万法的性质所作的根本分析。佛教的智慧也是如此，如果说它们完全相同，是错误的，如果说它们的认识等同一相，也是不对的，因为它们的认识是各不相同的。

比如，认识诸法无常的智能与其他智能不同，认识诸法苦、空、无我的智慧也各不相同，如此等等，智慧各有自己的认识特征。若不如此，修行者便不会获得解脱，因为解脱是以智慧的运动为门径的。像法藏部所说的智慧于一切万法思惟无常、苦、空、无我，因而能一时顿观一切万法，这只不过是一种不确定的空洞、抽象的说法，若具体而言，则智慧的思惟活动分别以四谛为对象。因此，不能说修行者厌恶苦时即获得了清净道谛，因为，心中的厌恶活动不是灭谛和道谛产生的条件，灭谛和道谛是值得欢喜的事，与厌恶之心完全相反。由此可知，智慧不能同时以一切万法为认识对象，因为诸法常常是互相矛盾的。这就证明，四谛只能顺次渐观，不能一时顿见。……

原典

问：为有中阴为无？

答：当知有中阴，世尊之所说，

譬如村间道，彼则有俱过。

此说有中阴。何以故？世尊所说故。如世尊说，七士夫趣[1]有中般涅槃。若无中阴者，则无中般涅槃。……譬如村间道，如从一村至一村，如是死阴、生阴，从死阴趣生阴亦如是。……若无中阴者，则无来去，是故应有中阴。……

问：为有一切有为无？

答：当知一切有，非有一切相，

一切无一切，无有他相法。

此有是萨婆多所立。一切者，谓十二入。彼诸入有自相非余，一切相所作别故。作业别前已说。“一切无一切”者，谓学法中有学法，无无学法；无学法中有无学法，亦无学法，如空中亦无有迹，如是比。

问：此说有，云何无有？

答：“无有他相法”。如眼相是眼入，无余入相，相别故。以是故说一切不杂。

一切世悉有，不违其所应，

牟尼之所说，声闻僧无佛。

有三世萨婆多，此萨婆多所立。

问：何故？

答：现在世者，观过去、未来故施设。若无过去、未来者，则无现在世。现在世无者，亦无有为法。是故有三世。莫言有咎。若言久远是过去、当有是未来，非是有，唯有现在者，此不然。何以故？有业报故。世尊说有业有报，非是业报俱现在，当知报在未来。若报现在，当知业已过去。……是故应知有过去、未来。……“声闻僧无佛”者，声闻僧不摄佛。何以故？三宝不减故。若世尊声闻所摄，应有三宝非三，佛无别体故。……

决定知此论，章句微妙义，
于彼智慧众，勇猛无所畏。

于此论章句义味能决定知善分别说者，于诸智慧众中心无怯畏，善解法相故。

今我增益论，其心无所贪，
为令智者乐，疾得寂灭乐。

经本至略，义说深广，难可受持。如虚空论，难可了知。前已说。是故增益论本，随顺修多罗义，令易了知。以知义故，烦恼则断。

注释

① **七士夫趣**：又称七圣。指随信行、随法行、信解脱、见到、身证、慧解脱、俱解脱等七种修行有成的人。

译文

问：中阴是存在的呢？还是不存在的呢？

答：当知有中阴，世尊之所说，

譬如村间道，彼则有俱过。

此四句颂文说有中阴，为什么呢？因为这是佛世尊所说的。例如，世尊曾说，随信行、随法行、信解脱、见到、身证、慧解脱、俱解脱等七种修行之人有中般涅槃，也就是说他们能在中阴位中获得涅槃解脱。所以，如果没有中阴的话，佛世尊便不会说有中般涅槃。……中阴在轮回过程中就像村间的道路一样，村间的道路将村与村连接起来，能使行人从一村走向一村，中阴则将“死阴”与“生阴”联结起来，使生命从“死阴”的状态进入“生阴”的状态。……所以，假如没有中阴，便不会有生命的来去。生命有来去，所以应有中阴。……

问：一切诸法是真实存在的，还是不存在的？

答：当知一切有，非有一切相，

一切无一切，无有他相法。

说一切有部认为，一切诸法都是真实存在的。所谓一切，指的是“十二入”，“十二入”各有自己的相状特征，没有其他诸法的相状特征，因为一切诸法的相状特征及其造作活动各不相同。所谓“一切无一切”，指的是“学法”中有“学法”，没有“无学法”；“无学法”中有“无学法”，没有“学法”。比如虚空之中没有有形之物的踪迹一样，一切诸法也是如此，它们只是在自身的相状中存在，不能以其他诸法的相状存在。

问：前面所说的是诸法实有，在什么情况下诸法可说为无呢?

答：“无有他相法”。以其他事物的形相而存在的诸法是没有的。比如，眼的相状特征是“眼入”，不是其他十一种“入”，因为“十二入”的形相互不相同。因此，一切诸法各在自性之中，互不混杂。

一切世悉有，不违其所应，

牟尼之所说，声闻僧无佛。

诸法实有指的是一切诸法在过去、现在、未来三世中是存在的，称作“三世实有”。“三世实有”这一理论是说一切有部建立的。

问：为什么要建立三世呢?

答：相对于过去和未来，所以建立了现在世。假如事物没有过去，没有未来，便没有现在；假如没有现在，便没有有生灭变化的“有为法”。我们知道，事物是处于生灭变化之中的，所以应有过去、现在、未来三世。不要认为“三世实有”理论是错误的。如果说过去是久远之前的事，未来是将要发生的事，因而认为过去及未来不是实有，只有现在是实有，这种认识是不对的。为什么呢？因为众生有业力，有果报。世尊所说的有业有报，并不是说业和报都在现在世中。应当知道，如果业在现在，则报在未来；如果报在现在，则业在过去。……所以过去、未来也是实有的。……“声闻僧无佛”的含义是说佛不在声闻僧数之内。为什么佛不在僧数之内呢？因为在佛教中，佛法僧三宝是缺一不可的。假如佛包括在声闻僧之内，则佛与僧的实体便互相等同，那样，应有的佛教三宝便不是三，而只是二宝了。……

决定知此论，章句微妙义，

于彼智慧众，勇猛无所畏。

修行者如果能对此《杂阿毗昙心论》的章句及义味作出深入分析、彻底认识，便能对佛教的智慧心无畏惧，善于理解一切诸法的本性特征。

今我增益论，其心无所贪，

为令智者乐，疾得寂灭乐。

法胜法师作《阿毗昙心论》解释说一切有部的教理，其经文极略而义理极深，使读者难以理解与接受。就像讨论“虚空”的问题一样，读者是很难明白的。为此，我作了《杂阿毗昙心论》，以佛经为正理，对《阿毗昙心论》的篇幅做了增加。我这样做的目的并不是为了贪求功名，而是为使读者能更容易地理解佛教义理。

众所周知，众生如果理解了佛教义理，他们的一切烦恼就将得到灭除，他们便能迅速地获得涅槃解脱。所以，说到底，本书的目的就是为使读者早日得到涅槃解脱的极乐境界。

源流

佛陀入灭百余年后，佛教内部由于对教义和戒律等问题的理解出现分歧，统一佛教开始发生分裂，最初形成了上座部与大众部两派的对峙。此后数百年间，上座部和大众部又多次分裂，形成了十八部或二十部的分执。其中有一派别名叫说一切有部，是在佛灭三百年之初也就是公元前二世纪时从上座部中分化而来。此派的主要观点认为，一切世间法和出世法都是由一些实有的诸法构成的，事物现象虽是因缘和合的假有之物，但构成事物现象的诸法却是实有的，是真实的存在，而且是在过去、现在、未来三世中的永恒存在。因此，此派被称作说一切有部。

佛教经典一般分作经、律、论三藏。经是释迦牟尼本人传教言论的记载，大乘佛教兴起后，一些假托释迦牟尼所说的典籍也称作经。律是佛教戒律方面内容的记述。论则是后世佛教徒对教义的展开讨论。有一种说法认为，佛陀入灭后不久的第一次结集时，经律论三藏典籍便已全部建立起来。从现在的研究来看，这种说法可能是错误的，三藏中的论藏当时未必便已成立。但是此后的时间内，为了佛教的传播与发展，佛教徒不断地对佛经义理进行深入解释，阐扬发挥，逐步形成了论藏的内容，称为“阿毗达磨”。说一切有部虽然也以经律为依据，但主要的理论依据却是“论”，是“阿毗达磨”。

早期的说一切有部的论藏经典有六种，称作“六分毗昙”（《大智度论》卷二），也称“六足论”（普光《俱舍论记》卷一）。其名称分别是：一、《法蕴足论》，相传是佛的弟子大目犍连所作，或说是弟子舍利弗所作；二、《施设足论》，相传是弟子大迦多衍那所作，或说是大目犍连所作；三、《集异门足论》，传为舍利弗作，或说是拘绵罗作；四、《品类足论》，世友作；五、《识身足论》，提婆设摩作；六、《界身足论》，世友作。

说一切有部的学说，最初只是粗而不精的泛泛之谈，随着日后的发展而渐趋深刻细密。在此过程中，其学派内部也出现了观点的不同，形成了东西两派的意见分歧。最初在公元前二世纪时，著名佛教学者迦旃延尼子著作《阿毗达磨发智论》，将佛经要义用阿毗达磨即议论的形式进行解释，破邪显正，内容充详。他将“阿含经”中相同的内容合并编排，分成杂、法、智、业、大种、根、定、见八类，构成全书的八个部分，称作“八蕴”，初步建立了说一切有部的学说体系。此论出现后，在印度佛教中影响很大，获得了当时许多佛教僧侣的信从。迦旃延尼子的门人又对此论详加注释，广为讲说，成为《鞞婆沙》。这就是早期说一切有部被称作“婆沙师”的由来。

迦旃延尼子的门人主要有三，一个是达悉，他的解说极为繁杂；另一个是鞞罗尼，他的解说过于简略；第三个是尸陀槃尼，他的解说简繁得体，份量适中，汉译名作《十四卷鞞婆沙》，流行很广。由于迦旃延尼子及其门人的努力，以《发智论》为核心，他们的教义理论在北印度迦湿弥罗一带非常盛行，被看作是说一切有部思想的正统。但与此同时，在西方犍陀罗地区形成了说一切有部的另一派系，一般被称作犍陀罗师或西方师，以与迦湿弥罗师或称东方师相区别。

西方师的代表人物第一位是法胜，他是西域吐火罗国人，大约生活在公元一、二世纪之间。当时，西方师的学术观点已经不少，但尚处于杂乱的无序状态。法胜遂以被看作是释迦牟尼所说的《阿毗昙经》为依据，组织西方诸师的言论，著成《阿毗昙心论》一书。此书共有二百一十五偈，以论证佛教四谛为序，分成界、行、业、使、贤圣、智、定、经、杂、论等十品，不仅文章的结构与《发智论》完全不同，所阐述的思想观点也与《发智论》有所差别。实际上，它是以西方师思想为根本，对说一切有部理论体系的新的表述。

西方师的代表人物在法胜之后有胁尊者，梵文名作“波粟湿缚”，又作“波奢”。他是北印度犍陀罗国布路沙布逻城人，六十岁时方始出家，著有《四阿含优波提舍》，或称《四阿含论》。其后西方师中又出现了世友，梵文音译为“伐苏密多罗”，或译为“婆须蜜”。他著有《品类足论》《界身足论》，后被列入说一切有部“六足论”中，影响很大。此外还著有《异部宗轮论》等。与世友同时的还有法救，梵文音译“达磨多罗”。这位法救与《杂心论》的作者不是同一个人，他是世友的舅父，曾校订《法句经》，同时也有解释阿毗达磨的著作，书名不详，有人称之为《法救论》，《大毗婆沙论》曾对此书的内容有所引述。西方师的人物还有妙音，梵文音译为“瞿沙”，是西域吐火罗人，著有《生智论》，疑即汉译的《阿毗达磨甘露味论》，叙述说一切有部思想的纲要。此外还有觉天、众护等人，都是西方师中的著名人物。

说一切有部是在西北印度地区首先盛行起来的，而其盛行的原因则与贵霜王朝的扶持紧密相关。贵霜王朝是大月氏人建立的政权，他们最初居住在中国的西部，西汉时为匈奴人所逼西迁中亚细亚，臣服大夏国，建立了大月氏国。大月氏国初由五部诸侯裂土而治，后贵霜翕侯丘就却攻灭其他诸侯，一统全土，自称为王，称作贵霜王朝。大约在公元一世纪前后，贵霜王朝的势力侵入西北印度地区，定都于犍陀罗。

据记载，贵霜王朝的第一代王丘就却信奉佛教，第二代王阎膏珍信奉婆罗门教，而第三代的迦腻色迦则是强有力的佛教护法王，他支持说一切有部，因而使此部在西北印度的犍陀罗、迦湿弥罗等地获得极大的发展，其理论学说也广为流行，成为当时佛教各派中势力最大的派别。

迦腻色迦大约生活在公元二世纪之末，当时，佛教内部部执纷纭，说一切有部之内东西两派的对立也非常强烈。东方师继续在迦湿弥罗一带盛行，占据主动地位。西方师则有世友、法救、妙音、觉天等人同时出现，被称作“四评家”，与东方师分庭抗礼。迦腻色迦不仅在政治上支持佛教，个人对佛教的思想也怀有极大的兴趣，他每日请一僧人入宫说法，而诸僧之所说则常常各是其是，各非其非，彼此差别很大。这种情况引起了迦腻色迦王的疑虑，他向胁尊者请教，胁尊者表示应组织佛教结集，重申三藏，以统一教法。于是，迦腻色迦责成胁尊者召集四方贤圣，选定五百阿罗汉，于迦湿弥罗建立寺院，重结三藏。

本次结集，迦旃延尼子一系的东方师占据主动地位，而世友、法救、妙音、觉天等西方师的代表人物也参与其中。他们先著成十万颂的《邬波第铄论》，以解释经藏；后作十万颂的《毗奈耶毗婆沙论》，解释律藏；最后又作十万颂的《阿毗达磨大毗婆沙论》，解释阿毗达磨论藏。其中的《大毗婆沙论》以《发智论》为根本，引用“六足论”以为补充，同时兼取西方诸师的言论并予以批判，表面上说是一切有部论藏的结集，实际上则是有部东方师思想的再次整理，是对《发智论》的广泛解释。《大毗婆沙论》形成之后，取得了代表说一切有部思想正统的地位，它被封藏于佛塔之中，处于至尊无上的地位。

《大毗婆沙论》的形成，使小乘其他部派及说一切有部西方师等异派观点悉遭破斥，因而，西方师渐趋衰微，说一切有部趋于统一，但同时其思想的发展也暂告一段落。此后，印度佛教大乘兴起，小乘中的经量部也日渐强盛，二者皆对《大毗婆沙论》提出批判，使说一切有部理论矛盾毕现。而正统的说一切有部妄自尊大，固陋自执，对上述情况不作任何反应，这就为西方师的发展提供了新的契机。法胜的《阿毗昙心论》，先有优波扇多所作的八千颂的《法胜阿毗昙心论》六卷之释，又有某师的一万二千颂之释，及和修盘头的六千颂之释。其中和修盘头之释，被称为“宏远玄旷，无所执着，于三藏者为无依虚空论也”（《杂心论》卷一），明显是对大乘空的思想所作出的反应。到了公元四世纪，法救也就《杂心论》的作者于说一切有部出家，为了应付大乘佛教的挑战，遂以《阿毗昙心论》为底本，采用《大毗婆沙论》中的可取之说，著成了《杂阿毗昙心论》一书。

此书依《心论》为根本，品目构置也与《心论》大体相同，但因其采取了《大毗婆沙论》的许多说法，又补充了一些自己的见解和主张，遂使《心论》的二百五十颂增加为六百零六颂，对《心论》的内容作了深入细致的解说。而实际上，此书实为说一切有部学说的改组，是对东方师与西方师观点进行的调和。因此，此书出现后，对印度佛教尤其是说一切有部产生了很大影响，得到了许多佛教学者的信从。到后来，世亲又依《杂心论》为根据，著成《俱舍论》，几乎取代了《大毗婆沙论》，成为说一切有部思想的代表作。

说一切有部思想是最早传入中国的佛教思想之一。早在东汉末年，西域安息国沙门安世高来华传教，所译之经典虽以禅观为主，而说一切有部的教理亦有所介绍。然而受时代的局限，当时对说一切有部义学的研究并未展开。说一切有部的学说，中国佛教称之为“毗昙”学。此派经典的传译，安世高有《阿毗昙五法经》一卷，《阿毗昙九十八结经》一卷，大约是对此派“五阴”“九十八结”的节译介绍。后在魏吴之际，又译出妙音的《阿毗达磨甘露味论》二卷。但毗昙学之昌盛，实始于苻秦时的道安。

东晋孝武帝太元四年，即公元三七九年，前秦苻坚的军队攻占襄阳，道安被迎入长安的五重寺。在以后的七八年中，他在长安领导了一个由几千人组成的大道场，主要致力于佛经的翻译工作。那时，罽宾沙门僧伽跋澄、僧伽提婆及西域昙摩难提等人来到长安，皆精于说一切有部学说，道安遂请僧伽跋澄翻译《杂阿毗昙毗婆沙》十四卷，跋澄口诵，佛图罗刹译文，沙门智敏笔受，于建元十九年完成。第二年，跋澄又与昙摩难提、僧伽提婆译出《婆须蜜》十卷，道安、法和等人参与校订。此《婆须蜜》十卷，应是世友所作之论。

此外，僧伽提婆在长安时又译出《阿毗昙八犍度论》二十卷，即是迦旃延尼子的《发智论》。稍后，他东至洛阳，译出《阿毗昙心》十六卷，《鞞婆沙阿毗昙》十四卷。前者据《开元释教录》所载即是法救的《杂心论》。后者又称《广说》，即是尸陀槃尼对《发智论》的解释著作。此后，僧伽提婆南下庐山，受名僧慧远的邀请，又译出法胜的《阿毗昙心论》四卷，其时为晋太元十六年，即公元三九一年。此后，东晋沙门法显与佛陀跋陀罗重译法救的《杂心论》十三卷。北凉时西域沙门浮陀跋摩及道泰共译《阿毗昙毗婆沙论》六十卷，即是《大毗婆沙论》的同本；刘宋伊叶波罗译法救的《杂心论》十三卷；刘宋僧伽跋摩再次翻译《杂心论》，十四卷或作十一卷；刘宋求那跋陀罗与菩提耶舍共译《众事分阿毗昙论》十二卷，即是说一切有部六足论中的《品类足论》；北齐的那连提黎耶舍与达摩阇那共译优波扇多的《法胜阿毗昙心论经》六卷；陈真谛则译有《立世阿毗昙论》十卷，《阿毗达磨俱舍释论》二十二卷，《佛阿毗昙经》二卷。

到了唐代，玄奘对说一切有部的经典进行了系统的翻译，共译出《阿毗达磨发智论》二十卷、《阿毗达磨法蕴足论》十二卷、《阿毗达磨集异门足论》二十卷、《阿毗达磨识身足论》十六卷、《阿毗达磨品类足论》十八卷、《阿毗达磨界身足论》三卷、《阿毗达磨大毗婆沙论》二百卷、《阿毗达磨俱舍论本颂》一卷、《俱舍论》三十卷、《阿毗达磨顺正理论》八十卷、《阿毗达磨显宗论》四十卷、《入阿毗达磨论》二卷、《五事毗婆沙论》二卷、《异部宗轮论》一卷等。由此可见，说一切有部的毗昙经典，直到唐代一直处在不断的翻译之中。

随着译经工作的展开，汉地僧人对毗昙学的研究也逐渐深入。早在道安之前，沙门竺道潜便对毗昙学有所涉猎，其弟子竺法友曾从之学阿毗昙，但此时毗昙的研究尚未盛行。自道安在关中组织译出说一切有部诸论后，毗昙的研究日渐普及，研究的僧人也逐渐多起来。当道安组织译经之时，敏智、佛念、慧嵩等汉地僧人参与其中，道安并作有《十四卷鞞婆沙序》及《阿毗昙序》，介绍毗昙学典籍的源流、概要以及出经过程。及僧伽提婆南下庐山，则有慧远、道生、慧持等多人从之受学，一时形成了一个毗昙学的研究中心。此后，提婆东至南京，毗昙学的中心也随之迁移。

在南京，提婆获得了僧俗二界的广泛尊重，卫军东亭侯王珣为之建立精舍，广招学徒，开讲《阿毗昙》。一时名僧毕集，道生、慧持从之东来，慧观、王珣等人也列座听讲，开始了中国佛教毗昙学的讲习之风。此后不久，慧持返回庐山，豫章太守范宁请讲《法华》及《毗昙》，于是四方学者再度云集。慧持是慧远之弟，他对《毗昙》的讲解，实际上是中国僧人第一次对说一切有部学说的正式讲解，此后，中国僧人对毗昙学的研究便在师徒之间继续下来。

毗昙学流行于晋末南北朝之间，并在南北两地同时展开。在北朝，毗昙学是依于《成实论》的研究而开始的，其倡导者是鸠摩罗什弟子之一的僧嵩，善讲《成实论》，兼治毗昙学。僧嵩传法于僧渊，僧渊再传于昙度、慧记、道登。其中的慧记兼通数论，于毗昙的研究更为深入。到了齐代，高昌国沙门慧嵩东至彭城，以《杂心论》的研究著称，被誉为“毗昙孔子”。他从智游论师学得《毗昙》与《成实》，曾用《杂心论》中的一偈代讲佛法。慧嵩的弟子有道猷、智洪、晃觉、散魏等人，均为当时之名僧。北方的毗昙学虽传承不绝，但在南北朝时未能盛行，比及隋代而趋于振兴。

此时先有灵裕，六岁出家，学通各部，曾随安、游、荣三位法师学习《杂心论》，著《毗昙抄》五卷；又有净愿论师夜读《杂心论》，并著《舍利弗毗昙疏》十卷，为世珍重；又有慧畅，偏学《杂心》，志存名实。此外，道猷弟子靖嵩，通学大小二乘而尤精《杂心论》，广取《大毗婆沙论》《发智论》《舍利弗阿毗昙》以解《杂心论》的义理，从之受学者多达五百余人。而道猷的另一弟子辩义，也以《杂心论》为研究方向，二十岁时便登讲席。当时，研究《俱舍论》的道岳，凡有疑问，皆请教于辩义。而智炬、吉藏、慧乘等三十多名学僧，则专请辩义开设法筵，演讲《杂阿毗昙心》。辩义同时也得到了隋炀帝的钦崇。

北方研究毗昙的人物中，成就最高的应属志念。志念是慧嵩的传法弟子，俗姓陈，冀州信都人。初随道长法师学《大智度论》，又随道宠法师学《十地论》。后来听到慧嵩及其门人道猷、智洪等人的名声，遂从慧嵩学毗昙，不久之后，声名成就便已超出道猷等人之上。后还至家乡，受刺史任城王杨彦的邀请，讲解《大智度论》及《杂心论》，声名更振于一时。成实宗的著名学者明彦法师，亲率弟子洪该等三百余人从之问道，请讲《杂心论》。

志念曾撰有《杂心论疏》九卷、《发智论疏》九卷及《广钞》九卷，是当时著名的学僧之人。门下弟子数百人，如赵郡的法懿、漳滨的怀正、襄阳的道深、魏郡的慧休、河间的圆粲、俊仪、善住、汝南的慧凝、高城的道照以及明儒、圆常、慧藏等人，都是志念门下的著名弟子，领导北方佛学二十余年。志念卒于隋大业四年，即六〇八年。其弟子慧休至唐初仍为佛学巨匠，而慧休之弟子玄奘，则再次大译说一切有部诸论。

受译经的影响，晋末至梁初，南朝对毗昙学的研习盛于北朝。当时，除慧远、慧持、慧观、道生等人之外，有慧远的弟子道温善讲大乘、兼明诸论，对毗昙学相当有研究。道温有弟子僧庆、慧定、僧嵩等人，并以义学显誉。而慧定擅长《涅槃》及《毗昙》，僧嵩亦兼明数论。与道温同时有法业，擅长《涅槃》《杂心》，而以《华严》尤为精深。法业有弟子昙斌，南阳人，住建业庄严寺，擅长《华严》及《杂心论》。又有僧镜，住建业下定林寺，曾帮助求那跋摩翻译《杂心论》，并为之作序，即是《出三藏记集》卷十所载的焦镜法师《后出杂心序》。称为焦镜，是因为僧镜俗姓焦。僧镜同时还擅长《法华》《维摩》《涅槃》等经。曾作《毗昙玄论》，区分义类，条理贯通。又有慧通，住治城寺，著有《大品》《胜鬘》《杂心》《毗昙》等义疏。昙机，在会稽，擅长《法华》及《毗昙》。成具，在江陵，擅长《十诵》《杂心》《毗昙》等。以上诸人均在刘宋之时，为学人所注重。

到了齐代，研习毗昙学者又有高昌智林，特擅《杂心》，著有《二谛论》《毗昙杂心记》，并注《十二门论》《中论》等书。道乘，住建业治城寺，特擅《毗昙》。僧护，住建元寺，以《毗昙》著称。僧韶，住建元寺，专以《毗昙》为业，咨询之徒常有数百，齐文帝、惠帝、梁竟陵王萧子良等并加推崇，致使毗昙学化流海内。另有僧慧，以慧远弟子昙顺为师，住荆州竹林寺，能讲《涅槃》《法华》《净名》《杂心》等经论。

至梁代，沙门慧集遍参众师，历学《大毗婆沙论》

《杂心论》《发智论》等，故以《毗昙》擅步当时。每一开讲，海内学者无不必至，多达千人。僧旻、法云等一代名僧，亦常就之咨询请益。梁元帝萧绎则对之敬重有加，常作接引。著有《毗昙大义疏》十余万言，盛行于世。又有法护，住建元寺，多讲经论，常以《毗昙》命家。法宠，从庄严寺昙斌受学，精通《杂心论》及法胜《阿毗昙心论》。法令，住上定林寺，擅讲《涅槃》，尤精《法华》及《阿毗昙心论》。慧开，住彭城寺，曾随法宠学《阿毗昙》及《成实论》。陈代之后，南方对毗昙学的研究逐渐衰微，而《成实论》的研究渐盛。此时有法朗，住兴皇寺，以《成实论》为主，曾随靖嵩学习《毗昙》。隋时有慧暖，学《十诵》《成实》等，同时对《毗昙》《发智论》也比较注重。智脱，兼习《成实》及《毗昙》。僧朗，研究《大智度论》及《杂心论》。

唐代有道宗，通学《大智度论》《十地》《地持》《成实》《毗昙》。辩相，学《十地》《涅槃》《摄论》《毗昙》。海顺，研究《杂心》及《大毗婆沙》。道岳，曾随志念学《杂心》《成实》。神照，随许州空法师学《杂心论》，擅讲《涅槃》《华严》《成实》《杂心》。道杰，曾至仓冀，随魏、念二师学《毗昙》《大毗婆沙》及《发智论》。念即志念。道杰之后，神素继之讲解《毗昙》四十余遍。又有道基，曾于洛阳讲《阿毗昙心论》，著有《杂心玄章并抄》八卷。长安普光寺法常，善治《成实》《毗昙》《华严》《地论》。志念弟子贯休，著《杂心玄章抄疏》。此后，毗昙学的研究与传承终于断绝。

从上述情况来看，毗昙学在南北朝时代是非常盛行的，但其盛行有一特点，那就是专门弘扬者极少，而兼习数经数论者极多。所以如此，有着中国佛教发展的自身原因。毗昙以介绍佛教的基本范畴与概念为主，所以被看作是佛教入门的必读典籍，受到了各家学者的普遍看重，得到了大小二乘的共同支持，这就是毗昙学最初流行的原因。而毗昙学的最终消亡，其症结也在于此。

中国佛教学派成立之后，各家虽然都研究毗昙，但却没有将之视为独立的学说体系，而是将它当作工具看待，各于其中撷取自己的所需。比如地论宗，将毗昙视为因缘宗，看重的只是毗昙的六因四缘学说，以为己用。三论宗所注重的则是毗昙的“说一切有”及“分析空”，以辅成自家“一切皆空”的思想主张。因此，对毗昙中的一些概念，当时的佛教学派实际上是各有各的理解，并不以毗昙本身的解释为准，所以，毗昙学实际上是依附其他学派而存在的，未能形成独立的学派体系。所以，当诸家学派的理论完善之后，毗昙学便失去了自身存在的根据，而走向了消亡。

另外，中国佛教核心问题的转变，也是毗昙学消亡的重大原因。中国佛教经过一段时间的吸收消化之后，逐步走向了心性问题的讨论，这就超出了毗昙所及的范围之外。所以，毗昙的研究便逐渐衰微下来，在唐代宗派建立之后终于绝响。

毗昙学虽然范围较广，经论成群，但其主要研究的对象有二，一是法胜的《阿毗昙心论》，一是法救的《杂阿毗昙心论》。而法救的《杂心论》乃是法胜《阿毗昙心论》的较好的注本，所以，中国研究毗昙又以《杂心论》的研究为最多。换句话说，法救的《杂心论》对南北朝时佛教知识的普及、学派思想的发展，都曾起过极为重要的作用，功不可没。

《杂心论》的注疏，南北朝时有数种。如前所述，有灵裕的《毗昙抄》五卷、志念的《杂心论疏》九卷、僧镜的《毗昙玄论》、慧通的《杂心义疏》、智林的《毗昙杂心记》、慧集的《毗昙大义疏》十卷，此外还有梁智藏的《阿毗昙义疏》、靖嵩的《杂心疏》等。唐代则有道基的《杂心玄章并抄》八卷、贯休的《杂心玄章抄疏》等。上述注疏现均已不存，仅在唐慧远的《大乘义章》中保留了某些内容。

解说

人是有思想的。人生于世，势必要与其面向的世界进行接触，进行认识、判断和分析，用哲学的语言来说，这就是人的世界观。人的存在，不仅有关于世界的思想与看法，还要对自身的存在以及存在的性质、意义等问题进行深入反思，用哲学的语言来说，这就是人生观。世界观和人生观，表面上看似乎与人的实际生活相去甚远，实际上却相关紧密，联系极强。每个人的生活方式各不相同，说到底都是他的世界观和人生观的潜在而又直接的表现。不同的世界观和人生观能给人以不同的思想指导，使之采用不同的生活态度和生活方式，从而使人们所走过的生活道路千奇百态，各不相同。因此，人应该对世界和人生的问题进行深入的认识和反思。

古今中外，关于世界与人生的理论有多种，从总体上看可分作三类：一是追求声色的享乐主义，二是悲观厌世的悲观主义，三是任运自然的自然主义。佛教从根本上说是透彻世间苦相的思想体系，而其思想义理的特征，又以小乘佛教表现得最为淋漓尽致。一般说来，小乘佛教都以苦、集、灭、道四谛来组织理论体系。所谓苦，是它对人生与世界给出的基本价值判断，认为一切皆苦。集是对苦的原因的探讨，灭是对苦的灭除，道是灭除苦的方法。苦集灭道称作四谛，就是被看作是四条基本真理，以指导人的思想和行动。

按照其说法，人只有以四谛为原则来认识人生与世界，才能从苦的现实世界中超出，走上一条最为完美的人生旅途，进入超越苦难的涅槃解脱境界。《杂阿毗昙心论》是小乘佛教的代表著作之一，也是以四谛组织佛教理论的成功之作，它所介绍的，正是这透彻世间实相的佛教人生哲学，它所给予的，则正是这样一条超越苦难的修行解脱之道。

现代的生活物欲横流，人情淡漠，每个人都几乎是以个人的力量与社会相抗。多方的压力，重重的险阻，个人在强大的社会面前经常是人单势孤，力不从心。其结果，常使现代人感到心力交瘁，百苦丛生。如何调整这种状况，在这种以个人为中心的社会环境中，解决问题的关键就在个人自身，就在于他如何调整自己的心理，以与现代生活相适应。为此，我们对《杂阿毗昙心论》的内容进行评述与解说，虽不敢强求读者照章遵循，完全采纳其中的观点与方法，却希望此书的内容能给您启迪与裨益，使您能以豁达的心境面对现实人生。苟能如此，则古人的智慧便到了你的掌握之中。

一、人生的状态与本质

《杂心论》讲人，是将人放置在广大的宇宙世界中讨论的。在它看来，宇宙在时间上无始无终，在空间上则无边无际。在广袤浩瀚的宇宙间，人并不是唯一的生命种类，在人的周围，还有无数的众生存在，统称为“有情”。一切有情众生被分作五种或六种，即是天、人、地狱、饿鬼、畜生，称作“五道”或“五趣”，如果再加上“阿修罗”，则成“六道”或“六趣”。上述众生由于生存的形式高低不同，可分成三界，即是欲界、色界和无色界。欲界众生包括上述六种众生的全部，因为此中的众生有食色等贪欲，受各种欲望的支配和煎熬，故称欲界。其中，地狱又有“八热地狱”、“八寒地狱”等无数种类，天则有四天王天、忉利天、夜摩天、兜率天、乐变化天、他化自在天等多种不同。

在欲界之上存在的众生是色界众生。色指物质现象，色界众生已断除一些粗陋的欲望，但仍有身体、住所等物质现象，故称色界。按《杂心论》的说法，色界众生计有十六种或十七种，称作“十六天”或“十七天”。在色界之上的众生是无色界众生。此中众生既无欲望，又无形体，只是一种精神的存在，故称无色界。无色界众生有四种，称“四无色天”，或称“四空天”等。

众生的存在是有方所的，此方所被称作“器世界”，也就是众生身处其中的外部环境。与三界的众生相对，器世界也分成欲、色、无色三种。按照佛教的说法，器世界是一切众生共同的业力所造成的。器世界的最低层是无限的虚空，称为空界。由于众生共业的增长，使空界之中十方风起，互相激荡，形成坚密不动的气团，深厚达一百六十万由旬，称为“妙风轮”。此后金云密布、大雨倾盆，落在风轮之上，厚达八十万由旬，称为水轮。水轮表面又结成金石土地，厚三十二万由旬，称作地轮。地轮之上山川纵横，林木繁衍，便是欲界众生生活的场所。其中心是一座大山，名叫须弥山，高达八万四千由旬，四周有七香海、七金山。七金山外又有咸海，咸海中则有东南西北四大部洲，八中洲及无数小洲，其外更有铁围山周匝围绕，形成一世界。全部宇宙由无数个同样的世界构成，合称

“三千大千世界”。

在每一世界中，地狱众生的生存处所最低，位在大地之下极深之处。饿鬼居于地面的坟地、山洞等处，畜生居于地面及水中，人住于南赡部洲地面之上。欲界六天中的四天王天住在须弥山腰，忉利天住在山顶，其王名叫帝释天。其他各天依次向上住在山顶的虚空之中。于中，色界诸天有形体，有宫殿楼阁，起居住所，无色界诸天则没有形体，没有宫殿住所。实际上，色界诸天和无色界诸天不过是佛教修行者的禅定境界的形像化而已，充分反映了佛教宇宙观的宗教特性。

《杂心论》认为，包括人在内的一切众生，都处于不断生死的轮回过程之中。它解释生死轮回的理论有多种，重要的有“六道轮回”、“十二支缘起”、“四有”等。所谓“六道轮回”，是从整体上说众生将于天、人、畜生、饿鬼、阿修罗、地狱六道中往复生死。轮回的动力是业，众生因业力不同，所招的果报也互不相同，因而转生于不同的六道之中。

这种轮回有个突出的特点，即不固定性。比如，人不能永远在人道中生死，而是能转生到其他种类之中。人如果今生积德行善，广种功德，来生便能超越到天道之中。相反，如果背善向恶，多行恶业，来生便会堕入畜生、饿鬼道中，乃至堕入无间地狱，饱受煎熬。所以，佛教认为报应不爽，每个人都要对自己的行为负完全责任。所谓“十二支缘起”，是佛教对众生个体的轮回过程所作的描述。

它认为，众生最初都是愚昧无知的，不能认识佛教的真理，对此佛教称之为“无明”。在轮回过程中，众生在前一世的“无明”是此后轮回生死的根本原因，所以“无明”在“十二支缘起”中位列首支。由于前世的无明，导致众生在前世中不断地进行身体、语言、思想等方面的活动，此时称为“行”，是“十二支”中的第二支。“无明”与“行”都在前世，而前世的“行”作为业力，能直接导致今世的果报，引发生死。当其来生今世之时，最初转生的只是一种意念，这时称作“识”，即是众生投生那一刹那。有了“识”，众生形体器官也随之生长，眼、耳、鼻、舌、身、意六根逐渐发育，当其发育未满时，称作“名色”，表示众生此时已具备心识与形体两个方面的内容，具体地说，就是指投生之后胎儿的发育阶段。胎儿发育成熟、六根圆满，此时称作“六入”。

婴儿出生后，便与外界事物进行接触，但最初尚不能分别苦乐感受，此时称为“触”。对外物能分别苦乐感受后称作“受”。有了苦乐感受，便对外界事物有了选择，于可爱的事物不停地贪爱追求，这时称作“爱”。

有了贪爱，众生便有了烦恼，此时称为“取”。以烦恼为业因，能招致众生后世的轮回业报，此时称作“有”。所谓有，指众生现在世中所有的身语意诸业，此现在世诸业能招未来世之生，称作“生”。生而后逐渐成熟乃至老死，称作“老死”。这个“老死”并非生命的终结，只是轮回的一个阶段，从此之后又进入另一个因果轮回的锁链之中。

按照《杂心论》的说法，“十二支缘起”包含了两层因果关系，横跨过去、现在、未来三世。所谓两层因果，一层是以过去世的“无明”与“行”为业因，招致现在世的“识”、“名色”、“六入”、“触”、“受”为果报；另一层是以现在世的“爱”、“取”、“有”为业因，招致未来世的“生”及“老死”。由此，众生因果不断，在三世中轮回不已。

轮回是不断的生死过程。具体到每一生死过程，《杂心论》采用“四有”来解释。四有指本有、死有、中有、生有。生有，指众生感业投生那一刹那的存在。本有，指投生之后直到死亡之前的全部过程，即是一生。死有，指死亡那一片刻。中有，则指死亡之后到下一次生有之间的存在状态。《杂心论》认为，一切众生自生有而本有，自本有而死有，自死有而中有，自中有而又回到生有，因此生死不断，处于轮回的循环过程之中。在四有中，最值得注意的是中有。《杂心论》比喻认为，中有就像是村落之间的道路，村间之路将两村连接起来，中有则将两度生死联结起来。处于两生中间，所以称作中有。

中有是众生轮回的一个阶段，它与通常所讲的灵魂有着本质的不同。灵魂一般被看作是纯精神的，可以在众生的肉体中寄存，也可在肉体灭亡之后存在，是永恒的，但没有肉体。《杂心论》所讲的中有则是灵与肉两方面的存在，它不是永恒的，有生死的过程，有生存的时间。众生“死有”之后“中有”生，“生有”之前“中有”灭，“中有”不过是生死之间的一个阶段。中有存在的期限，《杂心论》提出了三种不同主张，一种认为是七天，一种认为是四十九天，第三种则认为时间不限。“中有”有身量的大小，《杂心论》主张，色界中有的身量与本有身量大小相等，欲界菩萨的中有也是如此，而欲界其他众生的中有，其身量则与有知小儿的身量相仿。中有的形像与“生有”完全相同，六根充备，体态圆满，天人乃至地狱中有的形像分别与天人、地狱等形像一致。中有既有形体，便只在欲界、色界中存在，无色界众生无形体，故无中有。中有以香气为食滋养身体，所以又称为“香食”。中有也有自己的运动方式，随类不同。

总之，《杂心论》通过对世界万物的分析，不仅设置了一个浩瀚无际、纷纭复杂的众生世界，还运用“六道轮回”、“十二支缘起”、“四有轮回”等理论，描述了一个众生因果不断的轮回过程。这是对众生的存在状况所作的现象描述，在此基础上，《杂心论》对众生的本质作了深入的理论分析，它的分析所用的理论有数种，像五阴、十二入、十八界、五位实法、三世实有等，其目的都是指向众生及其世界的本质的问题的。我们先说五阴，五阴即是色、受、想、行、识。《杂心论》对一切众生进行还原性分析，认为众生本质上就是由上述五阴综合而成的。

其中，色指众生的物质现象，如血液器官等皆是。受指众生的心理感受，尤指苦乐感受。想指众生对事物的直接反映，与今天“表像”的概念大体相同，其功能主要是对外物的表面特征进行映照。识指意识的活动，具有分析、综合等理性活动能力。行指众生受、想、识以外的其他精神活动能力，如意志、愿望等。《杂心论》认为，众生之中真实存在的，只是色受想行识五类事物，五阴和合而成众生，五阴离散众生灭亡。因而从总体上进行本质分析，众生作为五阴的综合体只是因缘和合的假象，不是真实的存在。

在《杂心论》看来，所谓真实存在的事物应该有自性，应该有属于自身的自在本体，而众生只是五阴的合成，没有自性，没有自体，所以只能是假象而非实有。对此，《杂心论》称为“无我”。

人是有思想、有意识的。人对外界事物的接触，能相应地产生一些认识和看法，这就是知识。人的知识是如何产生的呢？《杂心论》运用“十二入”理论作了说明。它认为，知识的产生需要有内外两种原因。内因即是众生的认识器官，《杂心论》将之分成眼、耳、鼻、舌、身、意六种，称为“内六入”。外因是认识器官的作用对象，《杂心论》将之分成色、声、香、味、触、法六种，称作“外六入”。众生以“内六入”作用于“外六入”，人的知识才能产生。由此，《杂心论》又得出了“十八界”的理论，即是在十二入之外加上眼识界、耳识界、鼻识界、舌识界、身识界及意识界，分别是“内六入”的活动功能。所以，在《杂心论》看来，人的知识最终由三个方面合成，即是作为认识器官的“内六入”、认识对象的“外六入”以及作为器官活动能力的“六识”。

“十八界”具有另一种宗教的目的，它从知识的角度将众生体内的物质、精神现象分成十八种，从而在“五阴”之外开创了一条新的论证众生无我的思维方法，而这种论证方法比“五阴”的方法更为详细深入。

按照这一思维方式，人观察自身所得的不过是性质不同的十八类事物而已，那么，人牵肠挂肚的自我终究在何处呢？对这一问题进行反思就会发现，人生原不过是梦里观花，镜中弄影，如虚云幻月，似过眼烟华，只不过是一场大梦而已。《杂心论》由此告诉世人，人生无常、苦、空、无我。这四者就是它对人生的本质给出的基本判断。如果能达成这种认识，人便有了修行学佛的思想基础。

二、现象构成的元素与因缘

《杂心论》说，一切众生现象唯是无常、苦、空、无我，只是一大幻象，一大苦聚。但它同时又对我们说，构成众生现象的元素是真实存在的。在它看来，构成现象的真实存在的元素可分作五大类，即是色法、心法、心所法、心不相应行法和无为法。其中，色法构成了众生及世界的物质现象，共有十一种，即是眼、耳、鼻、舌、身五根，色、声、香、味、触五境及无表色。五根是众生体内的物质器官，五境是五根分别相对的外在境界。无表色是依于身体、语言等活动所造的善恶二业而产生于众生体内的一种无形色法。心法一般称作“心”，又称“意”或“识”，指众生精神活动中的意识分别能力，是精神现象的主体。心所法指伴随心法而产生的其他精神现象。

《杂心论》将心所法大体分作五类，第一类称大地法，包括想、欲、触、慧、念、思、解脱、忆、定、受等十种，被看作是存在于一切善、恶、非善非恶心中，所以称作大地法。第二类称善大地法，包括不贪、不恚、惭、愧、信、猗息、不放逸、不害、精进、舍十种，被看作是伴随一切善心而存在，故称善大地法。第三类是烦恼大地法，包括邪解脱、不正忆、不顺智、失念、不信、懈怠、乱、无明、掉举、放逸等十种，伴随一切有烦恼之心而起，故称烦恼大地法。第四类是不善大地法，包括无惭、无愧两种，伴随一切不善恶心而起，故称不善大地法。第五类是小烦恼大地法，包括忿、恨、诳、悭、嫉、恼、谄、覆、高、害十种，只伴随某一些有烦恼之心而起，故称小烦恼大地法。以上四十余种法概括了一切心所法的内容，是众生一切精神现象的总和。

心不相应行法，是指一些既非纯粹的色法，又非纯粹的心法，而是介于两者之间的事物现象。它包括生、住、异、灭、语言文字等现象，横跨于物质与精神现象之间，包含着两个方面的内容。以上色、心、心所及心不相应行四类，《杂心论》统称有为法，有为即有所作为，而事物一旦有为，则有生与灭、成与败、变与不变等区别，所以，《杂心论》所讲的有为法，实际上是指一切有生灭变化、活动不息的事物现象。与此相对的是无为法，便是处于不动境界中的事物。《杂心论》将无为法开辟为虚空、数灭、非数灭三种，并将之列为五类法中的最后一类。其中虚空即指广大浩渺的宇宙空间，它处于不动的状态，为其他有形之物的运动提供空间场所。数灭实际上就是佛教宣扬的涅槃，它是修行者不断修习所达到的最终目标。非数灭则指事物因缺乏条件而处于不生的状态。因其不生，故无运动变化，处于不动的境界之中，所以《杂心论》也将之列为无为法，其他佛教派别及其经典也大致如此。

从上文我们看到，《杂心论》对待众生及世界的看法，实际上是一实一假，一真一幻的。所谓真实的是指它分析所得的五类诸法，它们隐于事物现象背后，是构成现象的基本元素。而所谓幻假的则是五类诸法组合而成的众生及其生活所在的世界。就事物的元素而言，《杂心论》提倡"诸法实有"、"三世实有"等主张，认为它们是真实存在的，并在过去、现在、未来三世中永恒存在。

就事物的现象来说，《杂心论》则又提倡"缘起"、"因缘"等学说，主张众生及其生活的世界是一种因缘和合而成的假有。因此，《杂心论》所建立的实际上是区别了现象与本体两层世界，本体世界是永恒的元素，是真实。现象世界则是本体的产物，是无常、苦、空、无我。就一般的哲学理论来说，本体常常被看作是优于现象的，但《杂心论》并不如此，对它来说，它对实有诸法所作的本体论的分析，不过是一种工具、一种方法，不过是为了论证现象世界本质的一种手段，以指导世人采取一种符合佛教出世精神的人生观和世界观。这样的分析作用是多方面的。

首先，它告诉世人人生不过是一种空幻的假象，所以不应执着贪恋，而是应该跳出红尘，出世修行，以求真谛。其次，它于一切善恶心中分出实有之法，便告诉世人，人之或善或恶，皆有本源，实有的善法能助长众生向善之心，实有的恶法则能助长恶心的生长。所以，人的修行便不能马虎从事，敷衍塞责，而必须精进力图，毫不放松，毫不懈怠。只有如此，才能扬善抑恶，以收修身之效。否则，一旦放松，则会善心退失，恶心回转，修行之功毁于一旦。再次，它于实有诸法中列出多种烦恼法，又告诉世人，人生的苦恼是天生俱来的，无论帝王将相，或是贩夫走卒，皆有无尽的烦恼生死相伴。所以一切众生本质为苦，无一逃免。解决苦的唯一办法便是修行佛教，涅槃解脱。佛教的最终目的就在涅槃解脱，《杂心论》将无为法列入实有诸法之中，同时又将数灭即涅槃列入无为法之内，便又向世人说明了涅槃的可能性，为涅槃解脱提供了理论保证。

如前所述，《杂心论》一方面将人生视为无常、苦、空、无我的假象，另一方面又在假象背后建立了实有的诸法，以为构成假象的基本元素。那么，从元素到假象，其间的过程是如何完成的呢？《杂心论》运用六因四缘、四果等理论范畴解决了这一问题。先说六因，因指事物现象构成的主要原因，《杂心论》将之分成六种，即所作因、共有因、自分因、一切遍因、相应因和报因，统称六因。

所作因是一种泛指，当某一现象生起时，其他一切万法因对其生起不起阻碍作用，这种原因称所作因。共有因用以说明现象同时生起的情况，例如，当某一心法生起时，随之运动的心所法、心不相应行法及色法必然同时俱起，这些法便互为共有因。

自分因用以说明同一事物前后相续的情况，前一阶段的存在与后一阶段的存在虽有差异，但同一的物种不变，这种事物内在的同一性便是它的自分因。一切遍因用以说明烦恼法的生起情况。烦恼中的任何一种，能遍行于其他一切烦恼之中，促成其他烦恼的产生与增长，所以被称为一切遍因。

相应因用以说明心与心所法相应而起的情况。某一心法之生，必有相应的心所法同时而起；某一心所法之生，也有相应的心法同时而起，心法与心所法相应而起，互为原因，故称相应因。报因即指善恶诸业，众生的业力能招果报，故称报因。《杂心论》认为，一切事物现象的生起与转变，其主要原因无非上述六种。

除原因外，事物现象的生起还要有一定的辅助条件，佛教称之为“缘”。《杂心论》将缘分成四种，即因缘、次第缘、缘缘、增上缘，统称四缘。四缘与六因有相同之处，也有所差别。其中的增上缘就是六因中的所作因，二者所指的内容完全相等。而因缘则包摄了六因中所作因外的其他五因。次第缘和缘缘是六因之外新增的内容，皆用以说明心法、心所法产生时的条件。

人的意识活动是川流不息的，由一个一个意识活动的点连续而成。但当意识活动连续不断地发展之时，前一刹那的心消退，后一刹那的心才能顺利生起。否则，假如心一直缠绕于前一刹那之上，便无法顺利地向后一刹那过渡。因此，意识活动的连续发展，必须建立在心的前一刹那为后一刹那开道让位的基础之上，这种心法的生起条件，就是《杂心论》所说的次第缘。此外，心法具有认识活动的能力，而认识活动则必须有认识所指的对象。所以，认识活动的产生必须有外部的客观对象为条件，这种条件就是《杂心论》所说的缘缘。

《杂心论》认为，诸法从因生，因则有果。它将果分成四种，谓增上果、依果、报果、功用果。增上果是所作因所生之果。依果是自分因与一切遍因所生之果，此果的善恶性质与因相同。报果是报因所生，即是众生善恶之业所招的果报。功用果由共有因、相应因所生，所指的实际上是人们运用工具所造的各类事物，因对众生有功用，故称功用果。

至此，《杂心论》完成了对人生及世界的全部而又系统的解说。在它看来，作为现象而存在的一切万物，包括众生在内都是因缘和合的假象，真正存在的是假象背后的实有诸法。实有诸法是永恒的，不依人的意志为转移。由于六因、四缘等力量，实有诸法有序地结合在一起，从而成果，创造出宇宙万象，创造出人的形体与精神。

因此，就人的现象而言，其本质上无常、苦、空、无我，既无真正的自我实体，又无真正的欢快娱乐，只是一场空梦，一次苦难的风云聚会。这是一种透彻世间假象的人生观，但却不是消极绝望的混世主义哲学。因为，当它告诉你人生的真谛之后，它还引导你分析苦难的原因、寻找解决苦难的途径，以便走向不再苦难的涅槃境界。

三、人生之苦的原因

《杂心论》认为，人生所以是苦，实际上有主观与客观两方面的原因。从客观上讲，是因为实有诸法中存在着无数的烦恼法，它们是真实存在的，同时又是合成众生现象的基本元素，所以，众生只要有生，便有无尽的苦难生死相伴。《杂心论》说，一切烦恼法中最根本、最主要的有七种，即是贪欲、瞋恚、爱欲、憍慢、无明、见和怀疑，总称“七使”。“使”即是烦恼的异名。

其中，贪欲指对欲界事物的贪求欲望。瞋恚指众生瞋怨愤恨之心。爱欲指对三界中欲界及色界事物的贪求。憍慢指自高自大，抬高自己，贬低他人。无明指愚昧无知，尤指对佛教四谛真理愚昧无知。见指世俗的错误认识与见解。怀疑指怀疑真理，不信佛教的四谛教义。“七使”中，贪欲和爱欲本质相同，不过是贪爱的对象有所差别，所以，《杂心论》有时合二为一，只谈“六使”。

此外，见又可分成五种，即有身见、受边见、邪见、取见见、取戒见，合称“五见”。佛教认为，一切众生因缘和合，本无实我，没有自在本体。但众生常常看法相违，将自身视为有本体的真实存在。这种错误的看法《杂心论》称作“有身见”，一般则称“我见”。佛教又认为，一切现象生死无常而又轮回不已，所以不常不断。众生的看法又与此相违，或认为事物为常，或认为事物为断。这种看法佛教一般称为“边见”，《杂心论》作“受边见”，也被看作是一种错误的世俗之见。从根本上否定佛教，不相信佛教的教义学说，佛教称之为“邪见”。将错误的认识理解为正确认识，《杂心论》称之为“取见见”。将错误的戒律行为当成正确的看待，《杂心论》称之为“取戒见”。

上述五见，加上贪爱、瞋恚、憍慢、无明、怀疑五种烦恼，又称作“十使”。十使又可分成五种，一种在认识佛教苦谛时断除，称“见苦断烦恼”。一种在认识佛教集谛时断除，称“见集断烦恼”。一种在认识佛教灭谛时断除，称“见灭断烦恼”。一种在认识佛教道谛时断除，称“见道断烦恼”。最后一种不能只靠认识四谛来断除，必须经过一定的修行，所以称为“修所断烦恼”。烦恼既分成上述五类，它们在欲界、色界、无色界三界中的存在状况又各有不同，所以，《杂心论》将“十使”与五类、三界进行综合，把一切烦恼分成“九十八使”，其中，见道所断即认识佛教四谛真理而断除的共八十八种，修道所断即通过一定的修行方能断除的有十种。

《杂心论》分列九十八使，其目的是为了说明修行过程中烦恼断灭的具体情况，就其根本性质而言，九十八使本质上就是“十使”，进而就是“七使”、“六使”，它们是众生苦难的最根本的原因。按照《杂心论》的说法，“十使”是展转相生的。众生最初具有的烦恼是无明，由于无明，不能如实体察事物的真谛，众生因而产生了怀疑，不相信佛教宣扬的四谛真理；由于有了怀疑，众生产生了寻求真理的愿望，因而创造了与佛教相违的思想学说，产生了邪见。有了邪见，便认为众生有自在的真实本体，这样便产生了有身见。有身见产生后，众生又进而认为自身或常或断，从而产生受边见。有了边见，众生便采用相应的律行，并认为自己的律行绝对正确，这样便产生了取戒见。取戒见产生后，众生如果进一步认为自己的一切看法绝对正确，便产生了取见见。

上述五见产生后，众生便对之执着贪爱，从而产生贪爱之欲；如果五见由众生自己获得，便自高自大而生憍慢；如果由他人首先获得，则心怀愤恨而生瞋恚。由此，“十使”次第而生，以无明为一切烦恼的本源。所以，《杂心论》强调，人应该勤学佛法，广开心智，铲除无明，以使自己的思想调整到苦集灭道四谛真理上来。

上述所说，在《杂心论》看来只是烦恼中之根本烦恼，除此之外，人生还有一些其他的、略微次要的烦恼滋生体内，它们是“十缠”和“六垢”。“缠”又称“烦恼缠”，取其缠绕身心为义，计有十种，即是无惭、无愧、睡、悔、悭、嫉、掉、眠、忿、覆。所谓无惭指众生对自己的过错恶行不知羞耻。无愧指对别人的过错恶行不知羞耻。睡与眠都指精神昏热的睡眠状态。由于《杂心论》将人的意识机能分成眼耳鼻舌身意六识，所以将睡眠分成两种，意识处于睡眠状态称作睡，眼耳鼻舌身五识处于睡眠状态称作眠。悔指反悔。悭指悭吝。嫉指嫉妒。掉指心动。忿指忿恨。覆指隐瞒，掩藏过错，文过饰非。

此上十种烦恼总称“十缠”。所以是次要的烦恼，是因为它们要依于根本烦恼而起。其中，无愧、睡、眠依于无明而起；无惭、掉、悭依于贪欲而起；悔依于怀疑而起；忿、嫉依于瞋恚而起；覆有说依贪爱而起，有说依无明而起。

除“十缠”外，次要的烦恼还有害、恨、诳、高、谄、恼等六种，称作“六垢”。“垢”取垢染身心为义。“六垢”同“十缠”一样，也是依于根本烦恼而产生的，其中，害与恨依于瞋恚，诳与高依于贪欲，谄依于五见，恼依于取见见。

从《杂心论》对实有诸法的分析中可以看出，无论是根本烦恼的“十使”，还是次要烦恼的“十缠”及“六垢”，其内容与“心所法”中的“烦恼大地法”及“小烦恼大地法”是基本相当的。换句话说，《杂心论》主张烦恼是真实存在的、永恒存在的、不受时间的限制。这就意味着众生的烦恼，客观上是先天的，人只要生存于世，只要未从现有的生存状态中解脱出来，就会有各种烦恼相伴随，因为实有的烦恼法是构成众生现象的基本要素之一。《杂心论》由此说明了人生苦难的一个原因，即客观方面的原因。

然而，客观存在的烦恼诸法只是众生苦难的一个条件，它还有主观方面的条件，通过这一条件，众生才能将烦恼诸法组合到自身之中，从而生死不断，苦难不已。众生是不断轮回的，在轮回过程中，其身体、语言、思维等处于不断地活动之中，这种活动《杂心论》称作业，并将它分为身业、口业、意业三种。身业指身体动作，口业指语言活动，意业指思维活动。在《杂心论》看来，身口二业又可分成作业和无作业。所谓作业，后又称为表业，指身体、语言活动中能直接表露出来，为众生所见所闻的那种活动；而无作业则相反，不能直接表露出来，没有鲜明易见的活动特征，所以后来又称无表业。无作业虽不能直接表现出来，但依于作业而存在，也是众生身口活动的方式之一，所以也是业。

举例来说，比如人之受戒，当其受戒时要有一定的仪式，在此仪式中，受戒者所做的活动、所说的语言，都能直接表现出来，为人所知，这时的身口活动就是作业。受戒只是在片刻之间完成的，人生却是漫长的，不能永远处于受戒仪式之中。然而，受戒仪式完成之后，众生心中便有了一种潜在的约束力，能指导众生在此后的生活中按照所受之戒进行身体与语言的活动。这种潜在的约束力，就是《杂心论》所说的“无作业”，它不能直接以身体与语言的形式表现出来，潜藏于众生的意识活动之中，但又不完全是意识的思维活动，与身体、语言有一定的联系，所以是无作业，不是意业。在《杂心论》看来，众生的业虽然皆可分成身、口、意三种，但不同的众生活动方式不同，业便互不相同。以业为种子，众生之“芽”便千差万别，互不混淆。因此，一切众生六道各别，各有自己的生死方式。

业与烦恼存在着内在的联系。按照《杂心论》的说法，业是众生轮回的主体，业招果报时，便有烦恼相应而起，作用于众生的身心之中。因此，众生因自身的业力而轮回，因俱起的烦恼而苦难。所以，如果将烦恼诸法视为客观方面的原因，则业力便是众生苦难的主观原因。进而，由于《杂心论》将烦恼看作是随业而生的，则众生的苦难归根结底在于自身。

人所以苦，不能怪他人，只能怪自己有身口意的活动与追求，只能怪自己仍在生死之中，未能超出。假如众生超脱生死，便不再有身口意的造作活动，便从根本上断除了业，烦恼也不再随业生起，它们虽说是实有，却与自己不再相关，众生便由此跳出烦恼法外，不再苦难了。

四、灭除烦恼的方法

《杂心论》所表达的是一套完整的宗教人生观，它告诉世人的不仅仅是人生是苦，也不仅仅是为了分析苦的原因，其根本目的不在于此，而在于修行解脱，也就是要为世人指明一条克服苦难的方法。所谓解脱，从最广泛的意义来说便是断绝生死，因为苦是在生生死死之中体现出来的。进一步而言，解脱便是不作诸业，因为诸业是生死轮回的原因。如果落在实处，则解脱便是对诸烦恼法的灭除，因为众生之苦说到底是由于宇宙间存在着诸种烦恼实法。

《杂心论》所说的修行解脱，实际上就是对烦恼法的灭除。应该注意的是，这里所说的灭除，绝不能理解为彻底消灭，因为《杂心论》主张诸法三世实有，在一切时间之内都是永恒存在的，是不能消灭的。它所说的灭除是针对众生现象而言的。众生是因缘和合的产物，以“六因”、“四缘”为力，综合各种实有法聚合而成，其中包括烦恼法。实有诸法处于一定的因缘关系之中，成为众生之现象。所以，《杂心论》的灭除实际上是关系的破坏，它将因缘关系离散，从而使组合于一起的诸法相互分离，彼此无涉。这样，烦恼虽然未被彻底消灭，但对佛教修行者来说便等于消灭了，他便从因缘之中超出，解脱了生死苦恼，走向了涅槃解脱。

修行者如何进行修习，才能达到灭除烦恼、断绝生死的最终目的呢?《杂心论》主要提出了两条，一是智，一是定。智是智慧，用以对治世俗误见，认识佛教真理。定是禅定，用以对治烦恼乱心，生起佛教智慧。按照《杂心论》的说法，智慧是在禅定过程中产生的，由定生慧，所以我们先说禅定。

《杂心论》所讲的禅定方法主要有三种，一是不净观，二是安般念，三是界方便观。不净观是说修行者在禅定时意念集中于身体某处，观察自身秽恶不净，血肉淋漓，以生厌离之心，追求佛教圣智。由此扩及全身，再扩及全部世界众生，以证佛教四谛之理，灭除烦恼。安般念则是通过数息以集中精神，思考佛教的真谛。界方便观则是通过观察众生体内的各类诸法，以知因缘和合，众生本空，从而走向涅槃解脱之道。

《杂心论》特别提倡的是界方便观这一禅定方法。从禅定的境界来看，《杂心论》又将之与三界相结合，分作十一地。其一是欲界地，即指欲界众生的禅定境界。欲界之上是色界禅定，有根本禅与辅助禅之别。根本禅有四种，称为色界四禅，以数目为序，分别称作初禅、二禅、三禅、四禅，所达的境界不同，果报也有所差别。辅助禅有两种，一是未至禅，处于色界初禅之前，是其眷属；二是中间禅，处于初禅和二禅中间，是二禅的眷属。色界之上是无色界，无色界禅定共有四种，称作“四空处”，即空无边处、识无边处、无所有处、非想非非想处。

空无边处是说修行者以无边虚空为观察对象，超越物质性的色想。识无边处指修行者以内在精神为观察对象，超越了虚空。无所有处指修行者观察一切物质、精神皆非真有。非想非非想处则指修行者的观察意念达到了似有似无、非有非无的境界之中，不像以前的禅定，修行者的意念必有所指。进入这一境界后，修行者的精神便基本上达到了绝对寂静的状态之中。

此上是《杂心论》对禅定的方法及其境界的描述，那么，禅定的用处何在？《杂心论》认为，禅定能产生无数的功德，其中包括三种三摩提、六种神通、四种无量、十种一切处、八种胜处、八种背舍等，当然也能产生佛教的智慧。

三种三摩提指空、无愿、无相，指在禅定中认识一切万物本来空无、无形无相，因而不加追求、不作贪望。它们既是禅定修习的具体内容，因而常被看成是禅定的异名，同时又是禅定修习所达的境界结果，所以《杂心论》又将之视作禅定的功德果报。六通指天眼通、天耳通、他心通、宿命通、神足通和漏尽通。前五种指修行者禅定所达到的超乎常人的神奇能力，后者则指涅槃的不动境界。六通皆依禅定方能生起。

四无量指慈、悲、喜、舍。禅定能使修行者产生广大无量的慈悲之心、喜好佛法之心及布施救人之心。至于一切处、胜处、背舍，其实都是禅定过程中具体的禅定形式，可作禅定的异名。禅定虽然能产生上述功德，但最主要的功德则是智慧，因为一切烦恼最终都是要通过智慧而灭除的，智慧是修行解脱的重要途径。

按照《杂心论》的说法，人的智慧可以分作两大类，一类是世俗的智慧，它以世俗事物为认识对象，力图把握世俗事物的形相、性质及其特征。另一类则是佛教的圣智，它以佛教的苦集灭道四谛为认识对象，力图把握佛教的出世精神，以对治烦恼，涅槃解脱。对于世俗的智慧，《杂心论》不作类的区分，总称世俗智，或称等智。对于佛教的圣智，《杂心论》又运用不同的理论范畴作了多种区别。比如，从四谛的角度来说，佛教的圣智可分作四种，即苦智、集智、灭智和道智。苦智以知人生为苦，集智认识苦的原因，灭智认识涅槃解脱，道智认识灭苦之道，总之是各以苦集灭道四谛为认识对象，又是分别认识佛教四谛所得到的智慧。

此四种智能如果配置到三界的范畴之内，则又可分成两种，一种是法智，一种是比智。法智是以佛教四谛认识欲界获得的智慧，换句话也可理解为认识欲界四谛之理所得的智慧。由于认识对象是四谛，所以法智也可分成苦法智、集法智、灭法智、道法智四种。比智则是认识色界、无色界的四谛之理所得到的智慧，它同样也可分成苦、集、灭、道四种。

另外，从解脱的角度来讲，《杂心论》又将佛教的圣智分成两种，一是尽智，二是无生智。尽智指修行者对三界中的四谛之理彻底认明之后的智慧。无生智则指修行者不仅获得了尽智，同时又认识到自己已断生死，不再受生死轮回的智慧。一般说来，修行者获得了尽智和无生智，便是从世俗世界的因缘关系中彻底解脱出来，进入了不生不死、寂静不动的罗汉境界之中。《杂心论》还提到了另一种智慧，名叫他心智，说穿了就是六神通的他心通。这种智慧据说能探知他人心中的所思所想，是一种奇特的神通，而且它又跨越世俗智慧与佛教圣智之间，是两种智慧的融合体。

由此，《杂心论》将人的一切智慧分作十种，即世俗智、法智、比智、苦智、集智、灭智、道智、他心智、尽智和无生智。但从十智的本质来说，又可归纳成根本的三种，即世俗智、法智和比智，因为其余七智不过是三智的转变而已。比如苦集灭道四智，是法智和比智在佛教四谛中的具体运用。尽智和无生智则是运用比智、法智所达到的不同的认识境界。他心智较特别，随其所观众生心的不同，它可能就是法智，也可能就是比智，或许就是世俗智，要视不同情况而分别对待。

《杂心论》所讲的修行之道，是一条由低而高、由下而上的渐修之道。在不同的修证阶段，修行者的禅定能力有所不同，他所获得的智慧也各不相等。一般说来，《杂心论》将修行的阶段一分为三，称为三道，即见道、修道和无学道。所谓见道，指修行者见识佛教真理、灭除烦恼的修行阶段。修道则指见道之后进一步进行修习，以灭除根深蒂固的、非见道所能灭除的烦恼的修行阶段。见道和修道中，修行者都有所学、有所修，所以又总称为学道。此后，修行者修学圆满，不需进一步修习，此时称无学道。

按照《杂心论》所说，学道中的修行者能获得法、比、苦、集、灭、道、他心等智慧，无学道的修行者则在此之上又能获得尽智和无生智。至于世俗智，便只属于常人所有，不是佛教圣者所应有的智慧。此外，世俗世界的某一些人，因为善行广大，则可能会有他心智。

智慧是灭除烦恼的根本方法。禅定虽是修行的重要内容，但却是工具性的，由此所生的智能才是灭除烦恼的根本。所以，《杂心论》认为，修行者所在的阶段不同，他所灭除的烦恼也就互不相同，这标志着修行者所达到的解脱境界的程度。总之，《杂心论》提供的灭苦方法，以禅定与智能为基本，又以智能为核心，只有在禅定之中产生佛教的圣智，众生才能从生死的烦恼中解脱出来，走向涅槃解脱。

五、解脱道中的圣者

《杂心论》的解脱之道是渐修之道。在它看来，修行的过程由一个个的具体环节组成。从原则上，它将修行分成世俗道和圣道两种。世俗道指众生的修行，此时的修行尚未断除一点烦恼，修行者完全处在世俗世界之中。圣道则指开始断除烦恼，逐步从世俗世界中跳跃出来，获得了相应的佛教圣果。众生的修行无疑开始于世俗道。他们认识了人生的痛苦，因而按照佛教的精神去生活，慈悲济物，施舍救人，受戒持戒，修习禅智，为进一步进入佛教世界作准备。然后便修习不净观、安般念、界方便观，认识到包括自身在内的一切万物皆有生灭坏散，始终无常，因而厌患生死，正向涅槃。界方便观修习圆满，修行者对万物的本质有了根本理解，便开始对佛教四谛进行观察和思考。

他们首先要修行四念处，即身念处、受念处、心念处和法念处。以身念处对治自身干净的错误认识，以受念处对治自身快乐的错误认识，以心念处对治自身恒常的错误认识，以法念处对治自身有我的错误认识，从而认识众生苦、空、无常、无我的本质，将自己的思想调整到佛教的人生观之上。修行四念处首先是分别对治，称别相四念处。以后则进行总观，于每一意念之中思考众生无常、苦、空、无我，这时称为总相四念处。通过四念处的修行，修行者认识了苦集灭道四谛的形相，从而生起了一种佛教善根，此时称“暖法”。暖法达到一定程度称为顶法。顶法达到一定程度称忍法。忍法达到一定程度则称世第一法，是世俗道修行所达到的最高境界。

在世第一法之上，修行者开始进入圣道的阶段。我们知道，佛教的圣道分为见道、修道、无学道，修行者首先进入见道。见道第一位是苦法智忍，其次是苦法智、苦比智忍、苦比智、集法智忍、集法智、集比智忍、集比智、灭法智忍、灭法智、灭比智忍、灭比智、道法智忍、道法智、道比智忍，上述八忍七智是见道修行的位次，称为见道十五心。到了道比智则是第十六心，此时已入修道的阶段。

《杂心论》认为，修行者进入见道之后，便开始断除相应的烦恼，成为佛教的圣贤。它所建立的圣贤名有多种，首先是“随信行”和“随法行”。见道中的修行者根有利钝，钝根之人要借他人的讲说方能修行，因信从他人，故称“随信行”。利根之人则不如此，他能依靠自己的智慧，随法修习，故称“随法行”。无论是随信行，还是随法行，都能断除困扰众生的烦恼。

如果将一切烦恼分成上上、上中、上下、中上、中中、中下、下上、下中、下下九品，则能断除欲界前五品的修行者，便称为“须陀洹向”。继此之后再断除六、七、八三品烦恼，则称为“斯陀含向”。如果超离欲界全部九品烦恼，继而进入色界四禅、无色界四定的修习之中，则称作“阿那含向”。以上是见道中的圣贤，皆在见道十五心之间。如果进入修道第十六心之中，则修行者又分别称作“须陀洹果”、“斯陀含果”、“阿那含果”。其间也有差别，如果在见道位中是随信行，此时的三果总称“信解脱”；如果是随法行，此时的三果则统称“见到”。因为，信解脱主要依于信力方得解脱，见到则主以智慧的认知能力而证成圣果。

须陀洹果据说还要转生七次，方能涅槃解脱，但却并非全部如此，须陀洹果的修行境界有高有低，境界高者只需转生两到三次便可涅槃，称作家家，取其从一家到另一家而涅槃为义。有天人之别，如果转生为天，称天家家，如果转生为人，则称人家家。斯陀含果位在须陀洹果之上，意思是一来，将一来人间而涅槃解脱。其中也有境界的高低，高者名为一种子，意思是还有一生的种子存在。一种子也有天人之分，转生为天名天一种子，转生为人则称人一种子。此上是阿那含果，意思是不还，即不再回到欲界受生。阿那含果的最高境界称作“身证”。

此外，《杂心论》又将阿那含果作了详细的区分，分成五种，或七种、八种。五种指中般涅槃、生般涅槃、行般涅槃、无行般涅槃、上流般涅槃。中般涅槃又可一分为三，成七种阿那含果。前五种阿那含果加上现法般涅槃、无色界阿那含和不定人，构成八种阿那含果。《杂心论》对阿那含果的上述区分，实际上是以阿那含证悟涅槃的方式为原则的，如在“中有”位证涅槃称中般涅槃，在“生有”位悟证涅槃称生般涅槃，需加行而悟证涅槃称行般涅槃，不需加行而悟证涅槃称无行般涅槃，自低级天升进到高级天而悟证涅槃称上流般涅槃，在欲界中证入涅槃称现法般涅槃，在无色界中悟证涅槃称无色界阿那含，在三界中不定，任取一界而悟证涅槃称不定人。此上诸圣贤是修道中的圣者，在此之上则进入无学道。

按《杂心论》的说法，无学道中的圣者名叫阿罗汉，意为不动，即是已经不生不死，进入最高的涅槃境界之中。阿罗汉成就了尽智、无生智，获得了佛教的最高智慧。但阿罗汉由于自身所处的境界不完全相同，《杂心论》又将之细分为六种，即退法阿罗汉、思法阿罗汉、护法阿罗汉、住法阿罗汉、必升进法阿罗汉、不动法阿罗汉。所谓退法阿罗汉，是指阿罗汉果位未能巩固，一旦遭遇恶缘便向后退转。思法阿罗汉指不断思维，惧怕退失所得之果的阿罗汉。护法阿罗汉指阿罗汉能尽心防护所得之果，不令退失。住法阿罗汉指阿罗汉不进不退，安住于所得之果中。必升进法阿罗汉指阿罗汉能继续修行，进入不动法阿罗汉的境界之中。不动法阿罗汉则是佛教修行的最高境界，指已入不生不死、涅槃不动的最高精神境界。

此六种阿罗汉中，前五种是随信行者修习所得，要受时间和机缘的限制，只有在衣食住行、师长教法等条件充备时，才能证入，所以，《杂心论》又统称之为时解脱阿罗汉，取其有时解脱之义。最后的不动法阿罗汉是随法行人修习所得，不受时间与机缘的限制，所以，《杂心论》又称之为不时解脱阿罗汉。阿罗汉又可分作两种，如果以智慧为主而涅槃解脱称慧解脱，如果定慧双修，获得了禅定中最高的灭尽定而解脱，称俱解脱。

在《杂心论》中，阿罗汉又被称作声闻，即是依靠佛法，禀从佛陀的教诲而涅槃觉悟的修行者。除声闻外，《杂心论》又提出了缘觉和如来两种圣者。缘觉又被译成独觉，指不依靠佛陀的声教，唯以自身的智慧证悟佛法而觉悟的人。如来，意思是如实而来，即是佛。按照《杂心论》的说法，佛不在僧数之内，也就是说佛不是依靠修行而觉悟的人，他天生就是佛法的体现，是佛教真理的化身。

如上所述，《杂心论》对现实人生的看法，是从人生苦难的分析入手的。它将人生的存在归结为苦的聚会，因而分析苦的原因，归结为烦恼，为业力；因而又寻找解决苦难的方法，将佛教的智慧与禅定视为灭除烦恼恶业的根本途径，而对智慧与禅定的修习，则能使人逐渐地灭除苦难，减少烦恼，进入佛教的圣贤之中，直到最后的阿罗汉的不动境界，便彻底地断除了苦难，从生死轮回的烦恼之中跳跃出来。这就是所谓的“跳出三界外，不在五行中”，也是《杂心论》提供给人的最高精神境界。

总之，《杂心论》所提倡的，一方面是人生即苦，人生即是烦恼，另一方面则以灭除苦难、灭除烦恼为终极目标。也就是说，它努力教导世人通过自身的修行从生的苦恼中走出，进入不生的境界。人只有不再生死、不再轮回，才能最终从苦难中解脱，否则，任凭你有三头六臂，百种神通，只要你还在生死道中，终要有彷徨犹豫，苦痛烦恼，因为你的天性就是苦，本质就是苦，苦是你一生的根本。这就是《杂心论》独特而带有宗教目的的人生哲学。

六、现实的启迪

《杂心论》的佛学思想，是佛教思想中比较古老的一种，属于小乘佛教说一切有部的教义学说。从原则上讲，这种宣扬世间苦谛精神的人生哲学与现代生活的关系已不太紧密，因为，我们生活所在的世界是一个开放型的世界，科技的发展、文明的进步、人类精神的深入都处于一种广泛的社会联系之中，每个生命的个体都应该以一种更加积极的态度投入生活，以期为人类的繁荣与进步作出应有的贡献。而《杂心论》是一种宗教人生哲学，它以剖析世间实相为原则，以出世解脱为极境，将一切人文事功都视为苦恼，因而与现代追逐物欲的生活似乎相差甚远。

然而,《杂心论》的哲学却绝不是毫无用处的陈词滥调。每个人都有自己的生活经验，也有自己的思想情感，即使在丰富多彩的现代生活之中，仍然有相当数量的人生活在痛苦之中，面对现实，精力交疲，生活破碎，强作欢颜，惨淡度日。对于这些心境欠佳的人，《杂心论》的主张无疑是一剂治病良药，它告诉你人生本来就是苦恼，一切众生都是如此，无可逃脱。如果能认识到这点，那么或许你的心理就会获得某种平衡，就能冷静地面对人生，不羡慕别人的欢乐、幸福、功名、权势，也不过分地讨厌自己的苦恼、不幸、名微、势卑，真正做到以坦荡豁达的心境去直接面对现实的生活。

当然，或许你并不相信《杂心论》的世间是苦的哲学，你性情开朗，尽情享受人生的乐趣，但不要忘记，人生不得意者十之八九，就在你尽情欢乐之时，烦恼可能就在你的身边萦绕，伺机占据你的灵与肉，而当这样事情发生时，享乐主义的生活态度就不能再给你带来指导，相反却令你更加痛苦不堪，因为，欢乐终究还是从你身边溜走了。这时，如果你能听听《杂心论》的言词，虽然锥心刺骨，令人震惊，却能肯定给你一些教诲启迪，仔细思考，它那一套惊世骇俗的说教自有它独特的道理和意义，这是佛教的智慧。

佛教自产生之后直到今日，已传承了两千余年，所以常盛不衰，自有它内在的合理之处，它对人生现象的分析，对人生苦难的探讨，正是它的合理性的重要表现。中国古代的文人学子，往往是成则跻身仕途，以事功济世，败则返身佛道，退隐养性，其原因就在于佛教能给苦难的灵魂以慰藉。现代生活，物质文明虽已得到长足的进展，而精神生活却依然是支离破碎，人生仍有苦恼，心灵仍需安抚，所以，佛教便仍然有其功用，能为现代生活提供精神的补充。《杂心论》的现实意义就在于此。

它告诉世人，当你面对人生的苦痛时，要有一种出世的精神，不要贪图世俗的功名利禄，要敢于抛弃世俗的荣华，从现实生活中超脱出来，走向涅槃不动的最高精神境界。因为，现实生活就是苦难的源泉，只有从现实生活中彻底解脱，人生苦难才能从根本上得到灭除和治理。总之，它要求世人在苦的生活中保持一种超俗的精神追求，只有如此，人生的苦才能灭除，人生的意义才能实现。

《杂心论》以人生为苦，以苦的灭除为最高精神目标，同时又建立了一套灭苦的方法，这便使它的教义成为知行合一的学问，而不是泛泛的理论空谈。就这点来说，它又弥补了现代知识的不足。《杂心论》说穿了其实就是一套修身哲学，它的修行内容极其广阔，既包括世俗世界的修行，也包括出世的修行。按照它的说法，现实人生的苦难都是由个人的身口意活动而招致的，人的思想、语言与动作具有某种潜在的力量，能导致众生生死苦恼，轮回不断，因此，人应该谨慎言行，善持自身，切不可任性妄为，遗恨终生。

这就是说，人应该保持一种从善之心，不杀生、不偷盗、不邪淫、不妄语、不饮酒，多为善功，少做罪孽，在现实生活中保持自己的善根善性。这样的修为虽不能从人生的苦难中彻底解脱，却能使人的精神进入较高的层次状态，善心渐增，恶行渐减，因而快乐渐多于烦恼，人生的苦难也就逐渐淡薄。就这点来说，《杂心论》的主张无疑是一种非常有效的修行方法，因为当人的善心增长时，他就会助人为乐，与人为善，时时刻刻地帮助别人。而当他帮助别人时，他自己便同时得到了某种满足，处于欢乐的心绪之中。

但《杂心论》认为，这种助人为乐的快乐毕竟还是世俗的快乐，它是暂时的，不能从根本上断除苦恼。为了从根本上断除苦恼，人应该进行禅定与智慧的修行。禅定是佛教基本的修行方法之一，它通过精神的集中以达到控制身心的目的。实践证明，禅定在发掘人的智慧、平和人的心情等方面确实有独到的作用，处于禅定的境界之中，确实能使人忘记人生的不幸与烦恼，所以,《杂心论》出世的修行方法对人的精神修养也有一定的功效。

总之,《杂心论》不仅能在理论上为现代生活提供启迪，在修行实践上也能给现代生活以补充指导。它既能使你有足够的精神准备，以面对现实人生；又能使你把握具体的方法，以解决现实生活中遇到的苦恼和不幸。为此，我们将此书奉献读者，希望它能给你带来裨益，使你以应有的心境去迎接丰富多彩、变幻莫测的现实人生。

参考书目

1.《杂阿毗昙心论》十一卷 《频伽藏》冬十二

2.《杂阿毗昙心论》十一卷 《大正藏》二十八卷

3.《阿毗昙心论》四卷 法胜著 僧伽提婆与慧远译 《频伽藏》冬十一

4.《阿毗昙心论经》六卷 法胜著 北齐那连提耶舍译 《频伽藏》冬十一至十二

5.《阿毗达磨俱舍论》三十一卷 世亲著 玄奘译 《藏要》第二辑第二十七种 支那内学院一九三四年版

6.《出三藏记集》《大正藏》五十五卷

7.《汉魏两晋南北朝佛教史》 汤用彤 中华书局一九八三年版

8.《印度佛学源流略讲》 吕澂 上海人民出版社一九七九年版

9.《中国佛学源流略讲》 吕澂　中华书局一九七九年版

10.《周叔迦佛学论著集》 周叔迦　中华书局一九九一年版

11.《中国佛教》 中国佛教协会编　知识出版社一九八二年版

12.《大唐西域记校注》 季羡林等　中华书局一九八五年版

13.《佛教哲学》增订本　方立天　中国人民大学出版社一九九一年版

14.《中国大百科全书宗教卷》 中国大百科全书出版社一九八八年版

15.《佛学大辞典》 丁福保　文物出版社一九八四年版

16.《宗教词典》 任继愈主编　上海辞书出版社一九八一年版

出版后记

星云大师说："我童年出家的栖霞寺里面，有一座庄严的藏经楼，楼上收藏佛经，楼下是法堂，平常如同圣地一般，戒备森严，不准亲近一步。后来好不容易有机缘进到藏经楼，见到那些经书，大都是木刻本，既没有分段也没有标点，有如天书，当然我是看不懂的。"大师忧心《大藏经》卷帙浩繁，又藏于深山宝刹，平常百姓只能望藏兴叹；藏海无边，文辞古朴，亦让人望文却步。在大师倡导主持下，集合两岸近百位学者，经五年之努力，终于编修了这部多层次、多角度、全面反映佛教文化的白话精华大藏经——《中国佛教经典宝藏》，将佛教深睿的奥义妙法通俗地再现今世，为现代人提供学佛求法的方便途径。

完整地引进《中国佛教经典宝藏》是我们的夙愿，

三年来，我们组织了简体字版的编审委员会，编订了详细精当的《编辑手册》，吸收了近二十年来佛学研究的新成果，对整套丛书重新编审编校。需要说明的是此次出版将丛书名更改为《中国佛学经典宝藏》。

佛曰：一旦起心动念，也就有了因果。三年的不懈努力，终于功德圆满。一百三十二册，精校精勘，美轮美奂。翰墨书香，融入经藏智慧；典雅庄严，裹沁着玄妙法门。我们相信，大师与经藏的智慧一定能普应于世，济助众生。

东方出版社

图书在版编目（CIP）数据

杂阿毗昙心论 / 苏军 释译 . —北京：东方出版社，2020.2
（中国佛学经典宝藏）
ISBN 978-7-5060-8556-4

Ⅰ. ①杂… Ⅱ. ①苏… Ⅲ. ①小乘—论藏②《杂阿毗昙心论》—注释③《杂阿毗昙心论》—译文 Ⅳ. ① B944. 4

中国版本图书馆 CIP 数据核字（2015）第 267818 号

杂阿毗昙心论
（ZA APITAN XINLUN）

释 译 者：苏 军
责任编辑：王梦楠
出 版：东方出版社
发 行：人民东方出版传媒有限公司
地 址：北京市朝阳区西坝河北里 51 号
邮 编：100028
印 刷：北京大兴县新魏印刷厂
版 次：2020 年 2 月第 1 版
印 次：2020 年 2 月第 1 次印刷
开 本：880 毫米 ×1230 毫米 1/32
印 张：10.75
字 数：182 千字
书 号：ISBN 978-7-5060-8556-4
定 价：60.00 元
发行电话：（010）85924663 85924644 85924641